Explorando la clave del éxito ministerial de C.H. Spurgeon

Será para mí en vano almacenar una biblioteca, organizar sociedades, o establecer proyectos, si desatiendo la cultura de mi propia persona; los libros, agencias y sistemas, solamente son los instrumentos de mi santo llamado; mi propio espíritu, alma y cuerpo son la maquinaria más cercana para el santo servicio; mis facultades espirituales y mi vida interior, son el hacha de batalla y las armas de guerra.

Señor santifícanos. Oh! Que tu Espíritu viniese y saturase toda facultad, sometiese toda pasión y usase todo poder de nuestra naturaleza en obediencia a Dios. Ven, Espíritu Santo, te conocemos; A menudo nos has cubierto. Ven y toma mayor posesión de nosotros.

-Charles Haddon Spurgeon

Charles Haddon Spurgeon
(1834-1892)

EXPLORANDO
LA CLAVE DEL ÉXITO MINISTERIAL DE
C.H. SPURGEON

Bob Penhearow

CAREY

PRINTING PRESS

CAREY
PRINTING PRESS

Publicado por
Carey Outreach Ministries Inc., Guelph, Ontario, Canada
www.careyoutreach.org

Acerca de nosotros
Carey Printing Press es la rama editorial de Carey Outreach Ministries, una organización Cristiana internacional que provee formación teológica a líderes espirituales para moldear la iglesia e influenciar a las naciones.

Primera publicación 2011, ISBN 978-0-9876841-0-3 (edición en inglés)

Penhearow, Bob
        Explorando la clave del éxito ministerial de C.H. Spurgeon
Éxito / Bob Penhearow.

Incluye referencias bibliográficas e índice.

1. Spurgeon, C.H. (Charles Haddon), 1834-1892. 2. Bunyan, John, 1628-1688 – Influencia. 3. Gill, John, 1697-1771 – Influencia. 4. Fuller, Andrew, 1754-1815 – In-fluencia. 5. Bautistas – Inglaterra – Clero – Biografía. 6. Espiritualidad. I. Título.

ISBN 978-1-990586-03-3 (edición en español)

*Para Dorothy, mi querida esposa,
el don de Dios para mí
y para este ministerio*

Contenidos

Reconocimientos

Este libro no hubiese sido completado sin la abundante paciencia, el intuitivo conocimiento, el ojo atento, la guía firme y segura, la aguda pluma y el corazón alentador de Dr. Michael Haykin. El entusiasmo y la gracia de Dr. Haykin han hecho de este proyecto un gozo, una experiencia de aprendizaje y una bendición personal.

Gratitud también es expresada a nuestros lectores: Janet Billson y al Pastor Joseph Gray por su diligente estudio y examen del manuscrito, y por sus útiles sugerencias.

Una gratitud especial es dada a Linda Billson por su paciente resistencia en ayudar a prepara el manuscrito para su publicación.

Un reconocimiento de corazón es también expresado a Janice Van Eck por su minuciosidad y pos sus habilidades organizativas en la edición y preparación de este manuscrito y portada para la publicación final. Gracias, Janice!

También, me gustaría reconocer a mi querida esposa Dorothy, el don precioso de Dios y mi compañera en la vida y ministerio. Sin su firmeza en momentos de arduo trabajo, su amoroso soporte y su inquebrantable confianza en su espeso, este proyecto no habría visto la luz del día.

Finalmente, un agradecimiento especial a Rubén Sánchez Noguero por la traducción de este libro.

C.H. Spurgeon

Introducción

Este libro aboga que la espiritualidad es un prerrequisito esencial para la bendición en el ministerio. Esta, sin duda, fue la convicción de por vida de C.H. Spurgeon, así también como de otros bien conocidos e influyentes Bautistas. En relación a ello, la piedad personal de C.H. Spurgeon es presentada como un modelo para el éxito ministerial para el pastor del siglo XXI.

Todo y con esto, debemos preguntarnos, ¿qué es éxito ministerial? ¿Qué es piedad? ¿Qué es espiritualidad? Éxito ministerial y espiritualidad ambas son interpretadas de manera muy distinta en el Cristianismo, lo cual lleva inevitablemente a una confusión matizada por presuposiciones personales. Éxito ministerial y espiritualidad necesitan definición, al menos como Spurgeon y otros Bautistas notables las entendieron.

Mucho piensan que para ser un ministro con éxito, uno debe servir grandes multitudes domingo tras domingo, o quizás poseer copiosas cantidades de elocuencia en el púlpito, o tener fama. Sin embargo, no es así como el éxito ministerial es entendido bíblicamente. No se encuentra en los números, aún y cuando son maravillosos de contemplar; no se encuentra en la elocuencia del ministro, aún y cuando es un anhelo hablar elocuentemente; no se encuentra en la fama o en la magnitud del presupuesto de la iglesia, aún y cuando es maravilloso para una iglesia y ministro no estar apretados por los fondos. No, el éxito ministerial se encuentra en ser cautivo de la Palabra de Dios. Se encuentra en ser fiel al evangelio que Dios ha transmitido y confiado a su pueblo. Spurgeon sabía bien que la Palabra de Dios nunca retorna vacía y que el ministro que mantiene y predica la Palabra de Dios –aún y cuando pueda parecer que trabaja arduamente para un aparente fracaso- acabará siendo un ministro exitoso. Éxito, entonces, se encuentra en la fidelidad a Dios, expresado en una firmeza sólida en la Palabra eterna de Dios –*sola Scriptura*.

Espiritualidad es otro término vago. Muchos piensan en la espiritualidad como algo nebuloso, una persona espiritual es alguien quien está en "otro mundo." Pensamos en gente espiritual como personas quienes pasan su tiempo meditando en grandes pensamientos teológicos los cuales son demasiado hondos y profundos para poder ser comprendidos por la persona promedio. Esta es una desafortunada distorsión de lo que es la espiritualidad. Un hombre espiritual, como veremos en Spurgeon, es aquel en quien el Espíritu de Dios mora y está capacitado por su Espíritu. Un hombre espiritual es aquel que camina en una comunión cercana con Dios mediante oración y súplica. Un hombre espiritual es aquel cuyo corazón se deleita en Dios y arde para la gloria de su Dios. Un hombre espiritual busca obedecer la palabra de Dios. Habla y habla, camina y camina, buscando aplicar el mensaje del evangelio a sus oyentes y a sí mismo. Es sincero, honesto y fructífero en su servicio para con Dios. Su teología es una teología aplicada; su teología es el trampolín hacia la adoración. Vive para Dios y para la gloria de Dios únicamente –*soli Deo Gloria*.

Una vez definidos los términos, el presente libro establece el escenario con una breve visión general de la vida de Spurgeon seguida por una mirada a la vida de reconocidos e influyentes Bautistas de tradición Calvinista –John Bunyan, John Gill y Andrew Fuller –quienes todos ellos abogaron tenazmente por la espiritualidad como prerrequisito esencial para la bendición en el ministerio y cuyos escritos influyeron grandemente en la mente, corazón y ministerio de C.H Spurgeon.

Las convicciones de Spurgeon sobre el poder de la santidad y piedad en la vida de los ministros para impactar sus ministerios, son examinadas a través de sus conferencias y sermones dados a estudiantes preparándose para el ministerio en su Colegio de Pastores. Dicha parte es seguida por una mirada práctica a la espiritualidad personal de Spurgeon, tal y como es mostrada en sus himnos, oraciones, vida familiar, adoración, relaciones personales, cartas, sermones y su estilo de vida en general.

Habiendo establecido que la espiritualidad es esencial para el éxito ministerial, el presente libro busca promover la espiritualidad mediante un manual práctico (ver "Apéndice"), para alentar la piedad en los pastores y líderes espirituales del siglo XXI.

Mi oración, es que Dios tenga en bien levantar líderes espirituales cuyos corazones ardan verdaderamente para la gloria de Dios, deleitándose en la belleza y majestad de Cristo –quien solamente es Rey de reyes y Señor de señores.

1

Visión general de la vida y Ministerio de C.H. Spurgeon

El escenario social y político

La Inglaterra Victoriana extendió su brazo poderoso a lo largo de todo el mundo. Las vastas conquistas del Imperio Británico, combinadas con varios programas de colonización, aseguraron que Inglaterra fuese el centro del mundo conocido. Bien estar y poder fluyeron desde los cuatro rincones del Imperio Británico hasta las orillas de Inglaterra y de una manera especial a la clase alta y a la aristocracia.

Tristemente, la opresión y explotación de la clase obrera y trabajadora continuó. A menudo, las clases trabajadoras carecían de educación y eran rechazadas. La decadencia moral era una evidencia en todas partes. La prostitución floreció en las ciudades, chicas jóvenes dejaban sus casas y aldeas para sobrevivir vendiendo sus cuerpos. Las destilerías florecieron para opacar el dolor producido por el trabajo y el sufrimiento de una existencia diaria. Las casas de trabajo surgieron para explotar a los huérfanos y a los desaventajados de la sociedad; estos fueron los días oscuros y difíciles de "Oliver Twist."[1]

El escenario espiritual

Todo y que Inglaterra se había beneficiado grandemente de los avivamientos de George Whitefield (1714-1770) y John Wesley (1703-1791, los púlpitos en dicho país fueron mayoritariamente reemplazados con elocuencia y retórica al alto costo de abandonar el evangelio que da vida y transforma. El clero era visto como profesionales más que como aquellos que recibían su elevado y santo llamado de Dios. Hacia el 1860, Modernismo y Liberalismo pronto barrerían a lo largo y ancho de dicho país para impactar la iglesia en el 1880. A todo ello, la Evolución haría su incursión, sacudiría y destruiría la fe de muchos. Cierta frialdad, incluso insensibilidad, existía hacia la Palabra de Dios. Spurgeon gráficamente describe la condición espiritual de Inglaterra durante su ministerio:

> Vivimos en tiempos peligrosos: estamos pasando a través de un periodo de grandes acontecimientos; el mundo Cristiano está siendo convulsionado; hay un gran trastorno de los antiguos fundamentos de la fe; un cuidadoso análisis en busca de fallas de las antiguas enseñanzas. Se hace hablar a la Biblia en el día de hoy en una lengua desconocida. Las enseñanzas del evangelio, la proclamación de las cuales hizo al ser humano temer ante el hecho de pecar y tener pavor ante la eternidad, están siendo archivadas. El Calvario está siendo robado de su gloria, el pecado de su horror y el poder del evangelio está siendo debilitado. No hay necesidad alguna de edulcorar el asunto; hay miles de nosotros en todas las denominaciones quienes creemos que muchos ministros se han apartado seriamente de las verdades del evangelio,

---

1 Oliver Twist es el protagonista de la novela escrita por Charles Dickens, Oliver Twist (1838). Para un detallado análisis y estadísticas concernientes a las terribles condiciones sociales en Londres durante la época Victoriana en 1869, consultar James Greenwood. Greenwood estableció un listado de siete lacras en el Londres de su tiempo: niños rechazados, ladrones profesionales, vagabundos profesionales, mujeres de baja condición, la lacra del alcoholismo, el juego y el

y por lo tanto, un triste declive de la vida espiritual se hace manifiesto en nuestras iglesias... La realidad es para lamentarse. Ciertos ministros se están haciendo infieles. Confesados ateístas no son ni el diez por ciento tan peligrosos como aquellos predicadores que siembran duda y apuñalan la fe. Un hombre sencillo nos comentó que dos ministros se habían burlado de él porque pensó que debían orar por lluvia... ¿Han llenado estos avanzados pensadores sus iglesias? Después de todo, ¿han prosperado después de haber abandonado los antiguos métodos? Los sitios que fueron llenados por el antiguo evangelio, han sido y están siendo vaciados por el nuevo sinsentido.[2]

En medio de esta oscuridad espiritual y decadencia moral, Dios en su soberanía levantó un gran número de campeones quienes estuvieron firmes por la fe y cuyos púlpitos declaraban valientemente el evangelio. Por ejemplo, Bishop J.C. Ryle de Liverpool (1816-1900), Alexander McLaren of Manchester (1832-1907), F.B Meyer (1847-1929), Joseph Parker (1830-1902) y William Booth (1829-1912), fundador del Ejército de Salvación fueron algunos de ellos. Todo y así, el más grande de todos ellos, aquel aclamado como el mejor de mejores, "El Príncipe de los predicadores," este fue Charles Haddon Spurgeon (1834-1892). Spurgeon proclamaría con voz de trueno el evangelio por más de cuarenta años desde el púlpito del Tabernáculo Metropolitano de Londres, situado en Elephant y Castle, al sur de Londres. Su celo por el evangelio, mostrado a través de numerosos ministerios, sacudiría la nación inglesa y resonaría alrededor del mundo.

Los primeros años

Spurgeon nació un 19 de Junio de 1834, en el pintoresco pueblecito de Kelvedon, Essex. Provenía de una firme herencia Puritana con

malgasto de la caridad [The Seven Curses of London (www.victorianlondon.org, 1869), accedido el 6 de Febrero, 2003].

2   James T. Allen, *Life Story of C.H. Spurgeon* (1893; reprint, Albany: Ages Software, 1996), 30-31.

tradiciones históricas reformadas de los disidentes ingleses (inconformistas). A temprana edad, Charles Spurgeon fue influenciado por su padre y en particular, por su abuelo, ambos pastores inconformistas. Su padre, el reverendo John Spurgeon (1810-1902), se dedicó a los negocios durante la semana y ministró domingo tras domingo por dieciséis años la Iglesia Congregacional de Tollesbury. Tiempo más tarde, John Spurgeon sería pastor en Braintree y en Londres. El abuelo de Spurgeon, el reverendo James Spurgeon (1776-1864) ministró por cincuenta y cuatro años en la Iglesia Congregacional (Independiente) de Stambourne. Fue un notable predicador del evangelio, un hombre altamente respetado, estimado y con un sentido del humor seco.[3]

A temprana edad Spurgeon permaneció con su abuelo. Su mente despierta y su memoria fotográfica eran evidentes a todo el mundo. Spurgeon estuvo absorto en la lectura, en particular John Bunyan, The Pilgrim's Progress y el Libro de los Mártires de Foxe. En su adolescencia, Spurgeon estuvo inmerso en la teología de los Puritanos mediante la lectura y compresión de los mejores Puritanos: John Owen (1616-1683), Richard Sibbes (1577-1635), John Flavel (1628-1601) y Matthew Henry (1622-1714).Spurgeon destacó como un líder natural y un estudiante excepcional dotado con una mente ávida y una rara claridad comunicativa.[4]

Dios tuvo su mano sobre Spurgeon desde temprana edad. Dos eventos que sucedieron en la vida del joven Spurgeon merecen ser mencionados. Primero, el joven y celoso Spurgeon viendo la tristeza de su abuelo por el estado espiritual de Mr. Roads, un miembro de la iglesia de Stambourne, chilló, "¡te mataré viejo Roads, esto haré!" Más tarde el joven Spurgeon volvió triunfante y declaró a su abuelo. "He matado al viejo Roads; nunca más entristecerá a mi abuelo." James Spurgeon estaba sorprendido.

---

3 W.Y. Fullerton, *Charles H. Spurgeon: London´s Most Popular Preacher* (Chicago: Moody Press, 1966), 11-16.

4 Susannah Spurgeon and Joseph Harrald, *C.H. Spurgeon´s Autobiography: Compiled from His Diary, Letters and Records 1834-1892*, 4 vols. (1897-1900; reprint, 4 vols. In 2, Pasadena, Texas: Pilgrim Publications, 1992), 1:23.

Tras pedir explicaciones, Spurgeon declaró humildemente, "no he estado haciendo ningún daño, abuelo," dijo el niño: "he hecho el trabajo de Dios, esto es todo,"[5] Más tarde, Mr. Roads apareció en la casa del pastor con un semblante decaído y pido perdón al abuelo de Spurgeon diciéndole que nunca más volvería a desviarse otra vez. Mr. Roads informó al abuelo de lo que había pasado:

> Lo siento de verdad, mi querido pastor, por haberle causado tanta tristeza y problemas...Estaba sentado en la taberna con mi pipa de tabaco y mi jara de cerveza cuando ese niño entró –quien se lo iba a imaginar, que un hombre viejo como yo sería puesto firme y exhortado por un niño como ese! Pues bien, me apuntó con su dedo índice, de esta manera, y dijo, "¿Qué estás haciendo tú aquí Elías? Sentado con los impíos; y tú un miembro de la iglesia rompiendo el corazón de tu pastor. ¡Estoy avergonzado de ti! Yo nunca rompería el corazón de mi pastor estoy seguro de ello."[6]

Spurgeon aún y su tierna edad, desplegó un celo por el evangelio y por la gloria de Dios inflamado con el pathos que le caracterizaría de por vida es su futuro ministerio del evangelio.

El segundo acontecimiento digno de mención fue cuando el reverendo Richard Knill (1787-1857) misionero en la India y bien estimado ministro, visitó al reverendo James Spurgeon en su casa. El reverendo Knill estaba extrañamente atraído por Spurgeon hasta el punto de que fue a su habitación y lo despertó a las seis de la mañana. Agarró al joven chico y lo llevo al jardín, allí, el reverendo Knill habló directamente al corazón del chico. Spurgeon cálidamente menciona, "...me habló del amor de Jesús y de la bendición de confiar y amarle a Él en la infancia." Spurgeon tiernamente comenta, "Con muchas historias me predicó a Cristo y me dijo cuan bueno había sido Dios con él, entonces, oró que yo pudiese conocer a Dios y servirle a Él." Esto continúo por tres días. Justo antes de su salida, toda la familia se reunió para la oración matutina.

---

5   *Autobiography*, 1:23-24.
6   *Autobiography*, 1:23-24.

El reverendo Knill tomo al niño, lo puso sobre sus rodillas y declaró una de sus más famosas profecías, "Este chico un día predicará el evangelio y predicará a multitudes. Estoy persuadido de que predicará en la iglesia de Rowland Hill."[7] Spurgeon recuerda que habló muy solemnemente y pidió al chico para esa ocasión aprender y el himno de William Cowper (1731-1800), "Dios se mueve en maneras misteriosas."[8] Dicha profecía fue en verdad cumplida, y quizás influenció la creencia personal y mente abierta de Spurgeon en cuanto a la "palabra profética" en su propio ministerio en el púlpito.[9]

Conversión

La conversión de Spurgeon resultó ser uno de los grandes puntos de inflexión en su vida. A la edad de quince años, mientras Spurgeon se dirigía a la iglesia en Colchester, Essex, una tormenta de nieve se cruzó en su camino. Tomó una calle adyacente hacia la Capilla Primitiva Metodista. En esa capilla el número aproximado de asistentes sería de unos quince. El predicador para ese día había sido bloqueado por la tormenta de nieve así que otra persona predicó. Especulaciones en relación a la fecha y al predicador han sido presentadas en numerosas biografías. Sin embargo, en la nota editorial[10] la fecha está claramente detallada: "Definitivamente es sabido que la fecha de la conversión de Spurgeon fue el 6 de Enero de 1850 ya que predicando de Isaías 45:22 en New Park Street Chapel, en el día del Señor una mañana, un 6 de Enero de 1856, Spurgeon dijo que seis años antes, ese mismo día a esa misma hora, había sido guiado a mirar a Cristo por un sermón sobre ese mismo texto." Sin embargo, las especulaciones continúan abundando al igual que el nombre del predicador que fue usado

---

7 *Autobiography*, 1:33-35.

8 Para más detalles incluyendo posterior correspondencia entre Knill y Spurgeon consultar *Autobiography*, 1:34-38.

9 *Autobiography*, 1:34-35.

10 *Autobiography*, 1:108.

11 Ver G. Holden Pike, *The Life and Works of Charles Haddon Spurgeon*, 6 vols. (1894; reprint, 6 vols. In 2, Edinburgh: The Banner of Truth Trust, 1991), 1:36.

por Dios para predicar el evangelio a C.H. Spurgeon.[11] Muchas biografías son silenciosas y otras caen en la especulación. De todas maneras, en una disertación que no llegó a ser publicada,[12] Timothy McCoy, cuidadosamente evalúa la evidencia y determina que, "Primero, una evaluación sincera de los hechos parece dejar poca sombra de duda que Robert Eaglen fue el predicador del famoso sermón 'Mira.' Su propio testimonio combinado con el de Robert Taylor, Joshua Elsden, y John Bloomfield es bastante persuasivo." Si esto es así, la pregunta que surge es ¿por qué cuando Spurgeon se encontró tiempo después con Eaglen no lo reconoció? Timothy McCoy postula tres razones para ello.

Primero, para el tiempo en que Robert Eaglen predicó había sido consumido por una enfermedad pulmonar, pero había recuperado salud y peso, por lo tanto, su apariencia era totalmente diferente. Segundo, el encuentro fue muy breve, tan breve que Robert Eaglen nunca habló. Tercero, Spurgeon quizás deseó mantener el instrumento de Dios anónimo para asegurar de esta manera que solamente Dios fuese glorificado y no así el instrumento que él soberanamente escogió para usar.

El texto famoso que Dios uso para desvelar la gloria de Cristo a Spurgeon y llamarle a él fue: Mirad a mí, y sed salvos, todos los términos de la tierra, porque yo soy Dios, y no hay más." (Isaías 45:22). Spurgeon vívidamente comenta como ese sermón quedó grabado en su corazón:

Mirad a Mí; Estoy sudando gotas de sangre. Mirad a Mí; Estoy colgado de una cruz; Mirad a Mí; Estoy muerto y enterrado. Mirad a Mí; He resucitado. Mirad a Mí; He ascendido al cielo. Mirad a Mí; Estoy sentado a la diestra del Padre. O pobre pecador, ¡mira a Mí! ¡Mira a Mí![13]

Después de diez minutos o más, el predicador fijó su mirada en

---

12   Timothy Albert McCoy, "The Evangelistic Ministry of C.H. Spurgeon: Implications for a Contemporary Model for Pastoral Evangelism" (Unpublished Ph.D. thesis, The Southern Baptist Theological Seminary, 1989), 347-348.

13   *Autobiography*, 1:106

el joven Spurgeon sentado bajo la galería y chilló:
> "Tú joven, tú pareces muy miserable y siempre serás misera-
> ble –miserable en vida y miserable en muerte –si tú no obed-
> eces a mí texto; pero si tú obedeces ahora, en este momento,
> tú serás salvo." Entonces, levantando sus manos gritó como
> solo un Metodista Primitivo podía hacerlo, "Joven mira a Je-
> sucristo. ¡Mira! ¡Mira! ¡Mira! Nada más tienes que hacer que
> mirar y vivir."[14]

Spurgeon escribe. "Vi por primera vez el camino de salvación... ¡O! Miré hasta que mis ojos casi se salieron de sus órbitas... Me hubiese podido levantar en ese mismo instante y cantar con el más entusiasta de ellos acerca de la sangre de Cristo y de la simple fe que lo mira solo a Él."[15] A la tierna edad de quince años, Spurgeon miró y vivió. Su vida, al igual que la de sus antepasados, estaría ahora completamente volcada al evangelio de Cristo Jesús. Arnold Dallimore, en su excelente biografía de C.H. Spurgeon, de manera perceptible destaca que el ministerio del evangelio de Spurgeon fue moldeado por los eventos que llevaron a su conversión: "El fracaso de predicadores que él había escuchado en presentar el evangelio, y presentarlo de una manera clara y directa, causó en él, a lo largo de todo su ministerio, el decirle a los pecadores en cada sermón de la manera más directa y entendible el camino de cómo ser salvos."[16]

Unos días más tarde, Spurgeon escribió y firmó en su diario un pacto entre él y Dios titulado, "Consagración":

> O gran e inescrutable Dios, quien conoce mi corazón y prue-
> ba mis caminos; con una humilde dependencia del apoyo del
> Espíritu Santo, me uno a ti; como tu sacrificio racional, re-
> torno a ti y solamente a ti. Seré para siempre, sin reservas y
> perpetuamente tuyo; mientras estoy en este mundo, te ser-

---

14 *Autobiography,* 1:106.

15 *Autobiography,* 1:106.

16 Arnold Dallimore, *Spurgeon* (Chicago: Moody Press, 1984),20.

John Spurgeon
(1810-1902)

viré a ti; y pueda yo gloriarme en ti, y alabarte para siempre! Amén. 1 de Febrero de 1850.[17]

Bautismo

El diligente examen de las Escrituras llevó a Spurgeon a romper con la tradición histórica de su familia cuando llegó a la convicción del bautismo solo para creyentes. Aún y a temprana edad, su mente y corazón fueron cautivos de la Palabra de Dios. Sin embargo, para alguien con tal conciencia tierna, no fue un asunto fácil romper con la tradición familiar. Escribió a su padre desde Newmarket un 6 de Abril de 1850 pidiendo permiso para ser bautizado, para proclamar públicamente a Cristo y tomar parte así de la Santa Cena:

> Mi Querido Padre... Debido a mis convicciones en relación al bautismo, no me senté a la Mesa del Señor, y no puedo hacerlo en consciencia hasta que esté bautizado... Como la temporada de bautismos por Mr. Cantlow será alrededor del próximo mes, humildemente pido tu consentimiento, ya que no actuaré en contra de tu voluntad y me gustaría en gran manera participar de la Comunión el próximo mes. No tengo dudas de tu permiso.[18]

Al no recibir ninguna respuesta, el obediente pero ansioso Spurgeon escribió a su madre unas semanas más tarde el 20 de Abril: "Mi Querida Madre, he esperado cada mañana por una carta de mi padre, estoy deseoso de una respuesta; ya hace un mes desde que recibí una carta de él. Si te place, envíame o bien permiso o bien negación para ser bautizado; he sido tenido en un doloroso suspenso."[19]

Eventualmente el permiso parental fue dado, si bien es cierto con cierta reticencia, de esta manera Charles Spurgeon fue bautizado en el día del cumpleaños de su madre, el 3 de Mayo de 1850

---

17 *Autobiography*, 1:129.
18 *Autobiography*, 1:121.
19 *Autobiography*, 1:122.

por el ministro Bautista, W.W. Cantlow de Isleham, un pueblecito a unos ocho kilómetros de Newmarket. El Río Lark dio testimonio de la obediencia de Spurgeon al mandamiento de su Señor. Spurgeon escribió en su diario: "¡Bendita charca! ¡Dulce emblema de mi muerte al mundo!"[20] Spurgeon describe la experiencia y la bendición de la humildad de declarar las maravillas del evangelio:

> Me levanté temprano para tener un par de horas de tranquila oración y dedicación a Dios. Tenía unos ocho kilómetros para caminar... El viento soplaba con un azote gélido en el río... Sentí como si el cielo, la tierra y el infierno pudiesen mirarme fijamente; porque no estaba avergonzado, allí y en ese momento de ser un seguidor del Cordero. Mi timidez fue quitada... El Bautismo soltó mi lengua y desde aquel día nunca ha estado callada. Perdí miles de temores en el Río Lark y encontré que "en guardar sus mandamientos hay una gran recompensa."[21]

Como su padre y su abuelo, el corazón y el alma de Spurgeon fueron ligados al ministerio pastoral. Su fervor evangelístico se despertó y vigorosamente buscó toda oportunidad para predicar el evangelio.

El ministerio de Spurgeon en Waterbeach

A la edad de diecisiete años, Spurgeon recibió el llamado a ser pastor en una pequeña iglesia Bautista en el pueblecito de Waterbeach, una diminuta aldea al noreste de Cambridge. Mientras viajaba por el pueblecito, el corazón de Spurgeon estaba cargado por las almas. Spurgeon escribió, "¡Cuan honestamente deseo que mi vida sea para iluminar un alma tras otra con la sagrada llama de la vida eterna! Yo mismo sería, tanto como fuese posible, no visto mientras trabajo y me desvanecería a la brillante eternidad una vez

---

20   *Autobiography*, 1:135.
21   *Autobiography*, 1:151-152.
22   *Autobiography*, 1:227.

mi trabajo fuese acabado."[22] Dios se complació en cumplir el deseo del corazón de Spurgeon. En unos pocos meses, Waterbeach fue transformada, y la pequeña iglesia con tejado de paja fue llenada hasta rebosar. Su primer y último sermón en Waterbeach fueron sobre el texto: "Y llamarás su nombre Jesús, porque él salvará a su pueblo de sus pecados" (Mateo 1:21).[23] Spurgeon trabajo fielmente en esa iglesia desde el otoño de 1815 a Abril de 1854. Dios bendijo sus esfuerzos y en dos años la membresia se había doblado de cuarenta a cien. Spurgeon creyó que allí fue donde Dios puso su sello de aprobación sobre su ministerio. Antes de que Spurgeon llegase, la pequeña comunidad estaba llena de alcoholismo y profanación, disturbios y iniquidad. Comentando sobre su ministerio en Waterbeach, Spurgeon escribe:

> Al Señor le plació trabajar con milagros y señales en medio de nosotros. Él mostró el poder del nombre de Jesús y nos hizo testigos del Evangelio que gana almas, atrae corazones rebeldes y moldea la vida y conducta del ser humano.[24]

El llamado pastoral a New Park Street Chapel

La Iglesia Bautista de New Park en Londres pronto escuchó del joven Spurgeon y le invitó para predicar. Debido al prestigiosos pasado histórico de la iglesia,[25] la respuesta inicial de Spurgeon a su invitación fue que debían tener al Spurgeon equivocado ya que él era solamente un joven de diecinueve años.[26] En el tiempo de Spurgeon, la iglesia había perdido su gloria inicial y estaba situada en un empobrecido y deteriorado vecindario rodeada por una gran

---

23   *Autobiography*, 1:229.

24   Ernest W. Bacon, *Spurgeon: Heir of the Puritans* (London: George Allen & Unwin, 1967), 32.

25   Para una visión de New Park Street Chapel, consultar R. Schindles, *From the Usher´s Desk to the Tabernacle Pulpit: The Life and Labours of Pastor C.H. Spurgeon* (London: Passmore and Alabaster, 1892), 81-84; la iglesia había tenido una gran sucesión de destacados pastores, por ejemplo, Benjamin Keach (del 1668 al 1704), John Gill (del 1720 al 1771) y John Rippon (del 1773 al 1836).

26   *Autobiography*, 1:317.

cantidad de bodegas.

Su primer sermón, predicado un 18 de Diciembre de 1853 durante una fría mañana de invierno, fue titulado, "El Padre de las luces," basado en Santiago 1:17. Spurgeon habló con gran libertad y audacia como alguien convencido de que tiene un mansaje de parte de Dios. Además, Spurgeon tenía la suficiente experiencia ya que, aún y en su juventud, él ya había predicado 673 sermones.[27] En una carta a su padre, Spurgeon comenta que la congregación era Calvinista y anhelaba que el evangelio fuese predicado con unción más que con un discurso académico. Muchos, escribió, pensaron que él era John Rippon que había vuelto de nuevo.[28]

Su primera impresión de la iglesia fue mixta. Spurgeon fue invitado de nuevo para predicar en diversas ocasiones (1, 15 y 29 de Enero de 1854), de todas maneras, antes de la fecha final, la iglesia ya había tomado una decisión definitiva y llamó a Spurgeon de manera unánime.[29] El humilde Spurgeon aceptó el llamado pero pidió por un periodo de tres meses de prueba. Su humildad puede ser claramente vista en su carta de aceptación escrita cuando tan solo tenía diecinueve años. A continuación la carta es completamente transcrita ya que revela el rico entendimiento de Spurgeon hacia el ministerio pastoral:

75 Dover Road, Borough,
28 de Abril de 1854.

A LA IGLESIA BAUTISTA DE CRISTO CONGREGADA EN NEW PARK STREET CHAPEL, SOUTHWARK

QUERIDOS AMADOS EN CRISTO JESÚS,
He recibido su unánime invitación tal y como está contenida en la resolución que ustedes comunicaron el 19 de este mes, deseando que aceptase el pastorado entre ustedes. No es requerida una larga respuesta: LO ACEPTO. No he estado per-

---

27   *Autobiography*, 1:321.
28   *Autobiography*, 1:340-341.
29   *Autobiography*, 1:344-345.

plejo en cómo debería ser mí respuesta ya que hay muchas cosas que me obligan a responder de esta manera.

Busqué no venir a ustedes ya que era el ministro de una gente peculiar pero cariñosa; nunca solicité avanzar. La primera nota de invitación vino de sus diáconos, temblé frente a la idea de predicar en Londres... Desearía entregarme en las manos de nuestro Dios de pactos cuya sabiduría dirige todas las cosas. El escoge por mí; y hasta donde soy capaz de juzgar, esta es su elección.

Siento que es un gran honor ser el Pastor de su gente la cual puede mencionar gloriosos nombres de aquellos que me precedieron, les ruego me recuerden en sus oraciones, que pueda ser consciente de la responsabilidad que me ha sido encomendada. Recuerden mi juventud e inexperiencia; oren para que estas no sean un obstáculo para mí eficacia. También confío que el recuerdo de estas cosas pueda guiarles a ustedes a perdonar los errores que pueda cometer, ó palabras descuidadas que pueda decir.

¡Bendito sea el nombre del Altísimo! Si Él me ha llamado a su servicio, Él me sustentará, de otra manera, ¿cómo podría un niño, un joven, tener la presunción de intentar un trabajo que llena el corazón y las manos de Jesús? Su amabilidad ha sido grande, mi corazón está unido al suyo. No temo por su firmeza sino por la mía... ¡O, que no les haga ningún daño a ustedes sino un beneficio duradero! No tengo más que decir, solo esto, si me he expresado con estas pocas palabras de una manera que no conviene a mi juventud e inexperiencia, no me las atribuyan como arrogancia, sino que perdonen mi error.

Y ahora, encomendándoles a nuestro Dios protector y de pactos, al Dios Trino, Jehová,
Yo soy
Suyo para servir en el Evangelio,
C.H. SPURGEON.[30]

---

30 *Autobiography*, 1:352-353.

Los Jardines del Music Hall

Interesantemente, Mr. Sheridan Knowles, el célebre guionista, actor e instructor en retórica en Stepney, en esos momentos Regent's Park College, estaba tan asombrado con Spurgeon que urgió a todos sus estudiantes que le escuchasen predicar. Mr. Knowles declaró el siguiente llamado profético concerniente a Spurgeon:

> Ahora, marcar mi palabra, chicos, ese joven vivirá para ser el más grande predicador de este tiempo ó de muchos otros. Llevará más almas a Cristo que ningún otro hombre que jamás haya proclamado el evangelio, con excepción del apóstol Pablo. Su nombre será conocido en todas partes, y sus sermones serán traducidos en una gran cantidad de lenguas en todo el mundo.[31]

Unos cuantos meses después de su llegada a la Iglesia Bautista de New Park Street, Spurgeon fue llamado "el segundo Whitefield." La asistencia subió de 200 a más de 1000. La fama de Spurgeon se extendió rápidamente a lo largo de Inglaterra, y también, no podía ser de otra manera, sus críticos. Spurgeon a menudo se vio caricaturizado en las maneras más crueles. Sin embargo, Dios usó esto para bien ya que muchos vinieron por curiosidad y escarnio solo para acabar encontrando a Cristo. Spurgeon escribió: "Los hombres y las mujeres habían entrado debido a la curiosidad –una curiosidad a menudo creada por alguna historia infundada o por la maliciosa calumnia de mentes con prejuicios; pero Jesucristo les había llamado y ellos se convirtieron en Sus discípulos y en nuestros devotos amigos."[32]

Spurgeon atribuyó dicho éxito y su éxito de por vida a las oraciones del pueblo de Dios. Spurgeon estaba convencido de que las reuniones de oración de la iglesia eran la llave al éxito ministerial:

> Cuando vine a la Iglesia de New Park Street, era solamente

---

31 *Autobiography*, 1:354.
32 *Autobiography*, 1:365.

un puñado de gente a la que prediqué por primera vez; pero todo y así nunca olvidaré cuan fervientemente oraban. En ocasiones, parecía que estuviesen clamando como si realmente pudiesen ver al Ángel del pacto presente con ellos como si tuviesen que recibir alguna bendición de Él. En más de una ocasión, fuimos tan sobrecogidos con una sensación de solemnidad en la reunión, que nos sentamos en silencio por algunos momentos mientras el poder del Señor parecía sobrecogernos...[33]

Esta gloriosa experiencia traería la convicción de por vida en Spurgeon de que la predicación del evangelio encuentra su bendición y éxito en las oraciones del pueblo de Dios.

Los Jardines del Music Hall

La creciente multitud necesitaba ser acomodad así que Spurgeon miró los Jardines del Music Hall (los cuales podían acomodar 10.000). Sin embargo, un evento pronto marcaría una trágica nota en el corazón del joven Spurgeon. Una tarde en el Music Hall alguien chilló, "¡fuego, las galerías están ardiendo, el sitio se está derrumbando!" El pánico brotó rápidamente. La gente se precipitó hacia las puertas, algunos cayeron y fueron pisoteados, las escaleras ser rompieron debido a la presión, la gente perdió el equilibrio y cayó. Veintiuna personas fueron llevadas al hospital: tristemente, siete de ellas perdieron la vida. Sin saber lo que había sucedido, Spurgeon intentó predicar. Cuando supo lo que había sucedido, Spurgeon se desmayó y tuvo que ser evacuado. Todo el sitio era un alboroto. Spurgeon retornó a casa tarde en la noche como un hombre quebrantado. Entrando en su casa, se arrodilló frente al sofá y lloró. En los días oscuros y difíciles que siguieron, Spurgeon, ahora un hombre quebrantado y deprimido, escribo las siguientes palabras:

¿Quién puede imaginar la angustia de mi triste espíritu? Me

---

33 *Autobiography*, 1:361.

niego a ser consolado: las lágrimas son mi carne por el día y los sueños mi terror por la noche... Mí Biblia, una vez mí comida diaria, no era sino una mano para levantar el peso de mi aflicción. La oración no me aplicó ningún bálsamo.[34]

De todas maneras, en medio de las pruebas y las lágrimas, Spurgeon regresó de nuevo a Cristo. "Entonces eché mi carga sobre el Señor... Infamia, tumulto y guerra parecían menos que nada gracias a él. Me ceñí los lomos para correr delante de su carro y gritar para su gloria."[35] Después de perder dos domingos, Spurgeon retornó pero cambio los servicios de la mañana en el Music Hall y los de la tarde en Park Street Chapel. Esto continúo por los siguientes tres años, desde Noviembre de 1856 a Diciembre de 1859.

El Señor se complació en sacar triunfo de la tragedia. De la noche a la mañana, Spurgeon se convirtió en un nombre familiar entre las masas y la multitud se incrementó. Un periódico principal, reflexionando sobre la catástrofe treinta años antes, escribió. "Curiosamente fue un accidente de tal seriedad que primero atrajo la atención de todo el mundo en general para incrementar la influencia de Mr. Spurgeon."[36]

El Tabernáculo Metropolitano

Para poder acomodar las grandes multitudes, el Tabernáculo Metropolitano fue construido en Elephant and Castle, en el sur de Londres. Spurgeon ministraría alrededor de 6.000 personas mañana y tarde todos los domingos, cinco mil estarían sentadas y otras 1.000 estarían de pie. Había numerosos convertidos bajo su ferviente y Cristo-céntrica predicación.

La congregación estaba compuesta por una gran cantidad de personas de la clase media baja, muchos de ellos altamente exitosos y devotos. Sin embargo, había algunas personas de las clases altas. Entre los más notables que asistían en ocasiones, estaban

---

34   W.Y. Fullerton, *Charles H. Spurgeon: London's Most Popular Preacher* (Chicago: Moody Press, 1966), 83-84.

35   Fullerton, *Spurgeon: London's Most Popular Preacher*, 84.

36   Fullerton, *Spurgeon: London's Most Popular Preacher*, 85.

John Russell, Lady Peel, Lord Shaftesbury, Lord Campbell, el Arzobispo de Canterbury, Florence Nightingale, George Eliot, Matthew Arnold, Primer Ministro William Gladstone (quien se sentaba en el púlpito detrás de él) y el joven David Lloyd George, quien sería nombrado Primer ministro tiempo más tarde.[37]

Durante la totalidad del pastorado de Spurgeon, 14,700 personas fueron añadidas a la membresia del Tabernáculo Metropolitano, 10,800 por bautismo y el resto por transferencia de otras iglesias.[38]

El primer sermón predicado por Spurgeon en el Tabernáculo Metropolitano fue el 13 de Marzo de 1861. Se tituló "Templo de Glorias," y su foco claro era la soberanía de Dios y la capacitación del Espíritu Santo. Spurgeon valientemente declara:

Dejemos a Dios enviar el fuego del su Espíritu y el ministro estará más y más perdido en su Maestro. Ustedes pensarán menos en el ministro y más en la verdad proclamada... Imagínense que el fuego descendiese aquí y que el Maestro fuese más visto que el ministro, ¿entonces qué? La iglesia será fortalecida dos, tres o cuatro mil veces más... Debemos tener el sitio de proclamación debajo de esta plataforma llena de gente en cada reunión de oración y veremos en este sitio jóvenes dedicados a Dios: veremos cómo ministros se levantan, son preparados y enviados para llevar el fuego santo a todas las partes del globo...Si Dios nos bendice, Él nos hará bendición para las multitudes. Dejemos a Dios enviar su fuego y el más grande de los pecadores en el vecindario será convertido: aquellos que viven en fosos de infamia serán cambiados; el alcohólico se olvidará de su trago, el perjurador se arrepentirán de su blasfemia, el libertino dejara su lujuria —

---

37 Geoff Thomas, "The Preacher's Progress" in Erroll Hulse, ed., *A Marvellous Ministry: How the All-Round Ministry of C.H. Spurgeon Speaks to Us Today* (Darlington: Evangelical Press, 1993), 37-38.

38 Bacon, *Spurgeon: Heir of the Puritans*, 60.

> **Huesos secos se**rán levantados y cubiertos de nuevo
> **Corazones de** piedra serán vueltos en corazones de
> carne.[39]

Spurgeon estuvo muy activo en un gran número de cometidos dentro del ministerio de la iglesia. Sus sermones publicados semanalmente eran leídos mundialmente por alrededor de un millón de lectores. Las publicaciones de sus sermones continuaron incluso después de su muerto 3.561 (desde 1855 a 1917). Fue el editor de *The Sword and the Trowel*, una revista mensual editada por el Tabernáculo Metropolitano. Spurgeon fue el autor de numerosos libros: *C.H. Spurgeon's Autobiography: Compiled from His Diary, Letters and Records* es mayormente sus pensamientos revisados por su esposa y secretaria personal; *Lectures To My Students* y *An All-Round Ministry* ambos llenos con exhortaciones para los estudiantes en el ministerio y para los alumnos del Colegio de Pastores (Spurgeon fundó el Colegio de Pastores en 1856 y más de 900 estudiantes pasaron por sus puertas antes de su muerte). *All of Grace* y *Around the Wicket Gate* fueron escritos para aquellos buscando salvación; *According* to Promise, para explicar la providencia de Dios y *Faith's Cheque Book* como un devocional diario para la edificación del pueblo de Dios. Varios comentarios, incluyendo entre alguno de ellos *The Treasury of David, The Gospel of the Kingdom. A Popular Exposition of the Gospel According to Matthew* y *Commenting & Commentaries* el cual fue escrito para guiar a los pastores en la elección de comentarios. Spurgeon también organizó dos orfanatos, así también como otras numerosas instituciones (números estimados rondan un total de sesenta).

Bosquejo Teológico

Spurgeon declaró abiertamente, "Mí trabajo diario es reavivar las antiguas doctrinas de Gill, Owen, Calvino, Agustín y Cristo."[40]

---

39 "Temple Glories," *Metropolitan Tabernacle Pulpit* (reprint; Albany: AGES Software, 2000), 408.

40 Iain H. Murray, *The Forgotten Spurgeon* (Edinburgh: The Banner of Truth, 1978), 58.

Tenazmente sostuvo lo que se denominan "las doctrinas de la gracia," y debido a ello proclamó la soberanía de Dios quien es Señor de la salvación, aquel que llama a sus escogidos a través de la expiación de pecados por la obra de Jesucristo. Spurgeon sintió que el Calvinismo demuestra maravillosamente como creer en la gracia soberana y electiva de Dios, potencia el evangelio e infunde celo para el evangelismo. De hecho, más que parar o disminuir el evangelio, el Calvinismo demuestra el poder del evangelio en llamar al pecador a su Salvador. El Calvinismo declara la realidad de la salvación en oposición al Arminianismo el cual declara la potencialidad de la salvación. Spurgeon nunca escondió su amor por las doctrinas de la gracia, las proclamó sin vergüenza a través de su vida y su ministerio en el púlpito. Con humor característico, el joven Spurgeon proclamó en el Exeter Hall, Strand el 4 de Marzo de 1855:

> Las doctrinas del pecado original, la elección, la llamada irresistible, la perseverancia y todas estas grandes verdades las cuales son llamadas Calvinismo... son, yo creo, las doctrinas esenciales del Evangelio el cual es en Jesucristo. No pregunto si tu las crees todas —es posible que no; pero creo que lo harás antes de que entres al cielo. Estoy persuadido que al igual que Dios puede lavar vuestros corazones, él también puede lavar vuestros cerebros antes de entrar en el cielo."[41]

Bosquejo de la Controversia

A diferencia de algunos evangelistas, Spurgeon no solo predicó el evangelio sino que también defendió el evangelio. Nunca buscó pelea, pero cuando vino, él nunca puso a un lado el asunto como muchos hoy en día. Cuatro grandes controversias teológicas se produjeron durante la vida de Spurgeon.

Primero, a medida que la gente empezó a leer los sermones publicados de Spurgeon, se produjo la controversia sobre el Calvinismo. ¡Él no era lo suficientemente "híper" para algunos o era

---

41 "The Peculiar Sleep of the Beloved" en *The New Park Street Pulpit*, 6 vols. (1855-1860; reprint, 6 vols. En 3, Pasadena: Pilgrim Publications, 1981), 1:92.

demasiado Calvinista para otros![42] La crítica abundó en las páginas religiosas de los periódicos pero Spurgeon mantuvo sus ojos en su Salvador y siguió predicando. Spurgeon escribió a un amigo, "No soy fácil de echar abajo. Prosigo adelante y no me preocupo por ningún hombre en la tierra."[43]

Segundo, el 5 de Junio de 1864, Spurgeon, "Mr. Valiente-por-la-verdad,"[44] predicó de Marcos 16:15-16 en contra del bautismo de regeneración. Spurgeon creía que muchos le rechazarían tanto a él como a su ministerio debido a este asunto controversial. Sin embargo, la respuesta fue electrizante y muchos más de sus sermones fueron adquiridos como nunca antes – ¡un cuarto de millón! A raíz de ello el avispero fue removido y todo el clero en Inglaterra escribió bien para defender o bien para atacar a Spurgeon. De todas maneras, poco fue conseguido, los que abogaban por el bautismo de regeneración continuaron haciéndolo a su manera y los Bautistas tomaron coraje y fueron fortalecidos en su posición.[45] El humor de Spurgeon fue de nuevo evidente en este asunto: "He oído que estas en agua caliente," un amigo le comentó. "O, no," Spurgeon contestó, "es el otro individuo el que está en agua caliente. Yo soy el fogonero, el que hace el agua hervir."[46]

Tercero, la tensión se desarrolló cuando otro famoso predicador en Londres, Joseph Parker, pastor de City Temple, imprudentemente publicó una carta para Spurgeon en el periódico semanal British Weekly el 25 de Abril de 1890. La Conferencia para Pastores de Spurgeon estaba teniendo lugar la semana en que la carta fue publicada haciendo de esta manera el artículo vindicativo mucho más devastador. En parte fue dicho:

---

42   Consultar Iain H. Murray, *Spurgeon vs. Hyper-Calvinism: The Battle for Gospel Preaching* (Edinburgh: The Banner of Truth Trust, 1995), 39-124.

43   Citado en Warren Wiersbe, *Walking with the Giants: A Minister's Guide to Good Reading and Great Preaching* (Grand Rapids: Baker Book House, 1976), 73.

44   Un personaje en la segunda parte *del Progreso del Peregrino* por John Bunyan.

45   Bacon, *Spurgeon: Heir of the Puritans,* 128.

46   Citado en Wiersbe, *Walking with the Giants,* 73.

Déjeme que le dé el consejo de ampliar el círculo del cual usted es el centro. Esta rodeado de ofrendas de incienso. Ellos inflan sus debilidades, se ríen de sus chistes, le alimentan con cumplidos. Mi querido Spurgeon usted es demasiado hombre para esto. Tome más aire fresco...esparza su harén eclesial. No digo que destruya su círculo: Simplemente digo que lo amplíe...[47]

Cuarto, la controversia teológica más dolorosa se desarrolló entre los hermanos de la Unión Bautista (1887-1889). Robert Shindles, un amigo cercano, publicó anónimamente dos artículos en The Sword and the Trowel expresando su preocupación por la creciente herejía en algunas iglesias Bautistas. Los dos primeros artículos fueron llamados "The Down Grade."[48] Spurgeon más tarde escribió:

Se convierte ahora en una seria cuestión cuán lejos aquellos que se mantienen por la fe una vez dada a los santos deberían fraternizar con aquellos que se han vuelto a otro evangelio distinto. El amor Cristiano tiene sus demandas y las divisiones deben ser rechazadas como males de extrema gravedad; pero ¿hasta cuanto somos justificados en estar en confederación con aquellos quienes se alejan de la verdad?[49]

En medio de la controversia, Spurgeon luchó en contra de la pérdida de amigos, calumnias, rechazo y ostracismo. Su salud empezó a deteriorarse pero como muchos otros antes que él, y como heredero de los Puritanos de otros tiempos, Spurgeon no podía rendir el evangelio ni tampoco lo haría. El 28 de Octubre de 1887, el Tabernáculo Metropolitano se separó de la comunión de la Unión Bautista. Con un corazón bien cargado, Spurgeon escribió: "Que-

---

47 Citado en Wiersbe, *Walking with the Giants*, 75-76.

48 Consultar *The Down Grade Controversy: Collected Materials which Reveal the Viewpoint of the Late Charles Haddon Spurgeon...on one of the most significant disputes of his ministry* (Pasadena: Pilgrim Publication, 1987).

49 Citado en Wiersbe, *Walking with the Giants*, 74.

rido amigo, me dirijo a usted como Secretario de la Unión Bautista y le informo de que debo dejar dicha sociedad…le ruego que no me envíe a nadie para hacerme reconsiderar."[50]

Bosquejo de los Sermones

Mediante el examen de los sermones de Spurgeon, veremos que era un gran predicador y expositor de la cruz. John A. Broadus (1827-1895) y D.L. Moody (1837-1899) admiraron grandemente a Spurgeon por la predicación del evangelio. *The Daily Telegraph*, un periódico líder en aquellos días, comentó un 14 de Enero de 1888 acerca del poder del púlpito de Spurgeon:

> Como orador en el púlpito tiene una ventaja especial. Tuvo una voz con maravilloso poder, penetración y variedad de tono… Tuvo recursos los cuales utilizó fácilmente, con carácter y un cierto tipo de humor; podía vivificar sus sermones con toda clase de historias y homilías, en ocasiones quizás, demasiadas homilías e ilustraciones. Nunca predicaba por encima de sus oyentes. Siempre les hablaba directamente. Siempre fue serio y honesto. Se dejaba llevar por sus emociones así como también su congregación.[51]

Spurgeon fue Calvinista de labios y de corazón, rogó a los pecadores ser reconciliados con Dios. Aún y cuando Spurgeon se sustentaba firmemente en la soberanía de Dios, siempre rogó para que las almas respondiesen. Así es como concluye su sermón el 7 de Abril de 1867 en el Agricultural Hall, Islington:

> ¡O ven, tú que estás necesitado ven a mi Maestro! ¡O tú que has sido defraudado por ritos y ceremonias, sentimientos e impresiones y por toda la esperanza de la carne, ven al mandato de mi Maestro y mírale a Él! No está aquí en carne y hueso; porque él ha resucitado; pero ha resucitado para ro-

---

50   Pike, *The Life and Works of Charles Haddon Spurgeon*, 6:287.
51   Fullerton, *Spurgeon: London's Most Popular Preacher*, 86.

El frente de la cripta de Spurgeon en el Cementerio
de West Norwood, sur de Londres

gar por los pecadores, "por lo cual puede también salvar perpetuamente a los que por él se acercan a Dios, viviendo siempre para interceder por ellos." ¡O si supiese como predicar el evangelio para que pudieses sentirlo, iría a cualquier escuela para aprenderlo! Dios sabe que estaría dispuesto a perder estos ojos para conseguir mayor poder en mi ministerio; ay y perder los brazos, las piernas y todos mis miembros. Estaría dispuesto a morir si fuese honrado por el Espíritu Santo para ganar esta gran cantidad de almas para Dios.[52]

Veintiocho años más tarde, Spurgeon continuó anhelando ver almas ganadas para el Salvador. En un sermón predicado el 10 de Julio de 1887 desde el púlpito del Tabernáculo Metropolitano –menos de cinco años antes de su muerte –Spurgeon todavía anhelaba ver el fruto de sus trabajos a medida que rogaba a los pecadores buscar la vida eterna:

¡O que solamente supiese, mis queridos oyentes, como llevarles a Cristo! Esta es una cálida noche de verano y están cansados, quizás de mi charla; pero no me importa si con esto puedo llevarles a Cristo. ¡O que pueda tener fruto de este sermón¡ Creo que puedo decir que esta semana he conocido y escuchado a cientos de personas quienes en pasados años han sido llevados al Salvador gracias a los sermones impresos. Vinieron a mí, me tomaron la mano y me dieron las gracias y yo alabé a Dios por ello; pero entonces pensé, "Sí Dios me bendijo y ha bendecido a los sermones impresos; quiero fruto ahora, quiero ver pecadores venir a Cristo y ser eternamente salvos...si solamente te hablo de la verdadera salvación y del verdadero Salvador, ven y tómalo, ven y confía en Él ahora, porque Él no rechaza a ninguno que se acerca a Él. ¡Pueda este ser el tiempo decisivo para muchos de ustedes, para la gloria de Jesucristo! Amén.[53]

---

52   "Jesus at Bethesda" en *Metropolitan Tabernacle Pulpit*, 63 vols. (1856-1904; reprint, Pasadena: Pilgrim Publications, 1979), 13:204).

53   "The Model Soul Winner" en *Metropolitan Tabernacle Pulpit*, 41:356.

Sin mucha sorpresa, Spurgeon comenta que la raíz de la inefectividad de muchos ministerios se encuentra en la falta de un reconocimiento distintivo del poder del Espíritu Santo. Una sorprendente ilustración de la propia dependencia que Spurgeon tenía del Espíritu Santo en el púlpito se encuentra en su Autobiografía. Comentando sobre extraordinarias conversiones bajo su ministerio de predicación, Spurgeon relata que en una ocasión deliberadamente apuntó a un hombre en la congragación y dijo:

"Hay un hombre sentado allí, es zapatero; él tiene su zapatería abierta los domingos y estaba abierta el pasado día de reposos por la mañana, tomó nueve peniques y sacó cuatro peniques de beneficio; ¡su alma está vendida a Satanás por cuatro peniques!

Un misionero en la ciudad mientras estaba haciendo su recorrido, se encontró con el hombre en cuestión, viendo que estaba leyendo uno de mis sermones, le preguntó, "¿Conoce usted a Mr. Spurgeon?" "Sí" respondió el hombre, "Tengo todas las razones para conocerle, le he escuchado, y bajo su predicación por la gracia de Dios soy una nueva criatura en Cristo Jesús. ¿Debo explicarle lo que pasó? Fui al Music Hall y me senté justo en el centro; Mr. Spurgeon me miró como si me conociese y en su sermón me apuntó y dijo a la congregación que era zapatero y que mantenía la zapatería abierta los domingos; y así lo hacía caballero. No me debió de importar eso, pero él también dijo que tomé nueve peniques el domingo anterior y que había cuatro peniques de beneficio. Verdaderamente tomé nueve peniques ese día y cuatro fueron de beneficio; pero cómo él supo eso, la verdad es que no puedo decirlo. Entonces me cruzó por la mente que era Dios quien había hablado a mi alma a través de él, así que cerré mi zapatería el próximo domingo. Primero estaba aterrorizado de ir otra vez a escucharle no fuese el caso que contase a la gente más cosas de mi; pero después de todo fui, Dios me encontró y salvó mi alma."[54]

---

54 *Autobiography*, 2:226-227.

Spurgeon continuó diciendo que hubo "docenas de casos similares" en los que él apuntó a alguien en el Music Hall; "sin tener el más mínimo conocimiento de dicha persona o ninguna idea de que lo que había dicho era correcto excepto que creí que estaba siendo movido por el Espíritu para decirlo; y mí descripción resultó ser tan sorprendente, que las personas se fueron y dijeron a sus amigos, "Venid, ved al hombre que me ha dicho todo cuanto he hecho; sin ninguna duda deber haber sido enviado por Dios para mi alma o de otra manera él no hubiese podido describirme de manera tan exacta."[55]

Conclusión

Hemos visto como la espiritualidad de Spurgeon moldeó su vida e invistió de poder a su ministerio. Como muchos líderes Bautistas antes que él, Spurgeon creyó tenazmente en la Palabra de Dios. Dejó a los Bautistas con una gran herencia Calvinista ejemplificada en la mejor predicación del evangelio. Spurgeon predicó a Cristo crucificado sin ningún reparo. A demás, sus sermones son ricos en teología, elocuencia, compasión y urgencia. Spurgeon también predicó y llamó a tomar una decisión a mediad que exponía la cruz y exaltaba a su Salvador. A diferencia de muchos otros, vio el imperativo de defender el evangelio en contra de la influencia intrusiva del Modernismo, el Catolicismo Romano y las sectas.

Terminamos esta pequeña visión sobre el siervo escogido de Dios, citando la estrofa del himno final del último servicio de Spurgeon aquí en la tierra. Escogió cerrar con el Puritano Samuel Rutherford (c. 1600-1661), sin saber que en dos semanas contemplaría la faz de su querido Salvador:

Las arenas del tiempo se desvanecen
   El alba del cielo se quiebra
La mañana del verano he visto
   La limpia y dulce mañana se despierta
Oscura, oscura ha sido la media noche,

---

55   *Autobiography*, 2:227. El verso citado es Juan 4:29.

> Pero el amanecer se acerca,
> Y la gloria, la gloria mora
> En la tierra de Emmanuel.[56]

Charles Haddon Spurgeon fue llamado a la presencia del Rey el 31 de Enero de 1892 en Menton, Francia. El sepelio y funeral fueron en el Tabernáculo Metropolitano desde el 7 al 11 de Febrero de 1892, su cuerpo descansó en el Cementerio de West Norwood al sur de Londres. A la cabeza y a los pies del féretro de madrera de olivo había placas conteniendo la siguiente inscripción: "He peleado la buena batalla, he acabado la carrera, he mantenido la fe."[57]

El elogio estuvo a cargo del Pastor Archibald G. Brown del East London Tabernacle (1844-1922) un amigo cercano en el ministerio y graduado del Colegio de Pastores. Con gran pathos y muchas pausas, Brown declaró:

El frente de la cripta de Spurgeon en el Cementerio de West Norwood, sur de Londres Querido Presidente, Fiel Pastor, Príncipe de los Predicadores, Hermano amado, Querido Spurgeon —No te decimos "adiós" sino solamente por un tiempo "buenas noches." Resucitarás pronto, al amanecer del día de la resurrección del redentor... ¡Arduo trabajador, tu trabajo ha terminado! Ninguna mirada atrás ha estropeado tu curso. La cosecha ha seguido a tu paciente sembrar, y el cielo debe estar enriquecido con una multitud, y todavía será enriquecido a través de los años en la eternidad. Campeón de Dios, tu batalla peleada larga y fielmente ha terminado. La espada que empuñó tu mano ha sido dejada finalmente y las ramas de palmera han tomado su lugar. No más el yelmo presiona tu frente a menudo cargada con sus hinchados pensamientos de batalla; la corona de victoria de la mano del Gran Comandante ya ha aprobado tu completo galardón. Aquí, por un tiempo descansaran tus restos. Entonces su Amado debe venir y a Su voz te levantarás del diván de la

---

56 *Autobiography*, 4:370.
57 *Autobiography*, 4:370.

tierra creado a la imagen de Su cuerpo. Entonces el espíritu, alma y cuerpo exaltarán la redención de Dios. Hasta entonces, ¡amado duerme! Alabamos a Dios por ti; y por la sangre del pacto eterno esperamos y anhelamos alabar a Dios contigo. Amén."[58]

---

58   *Autobiography,* 4:375-376.

2

Vida, ministerio y espiritualidad de John Bunyan

La influencia de John Bunyan

El siguiente bosquejo de la vida y ministerio de John Bunyan (1628-1688) establecerá el escenario que mostrará cómo este predicador de Bedfordshire tuvo un impacto significativo y perdurable, más que cualquier otro Bautista, en la vida, pensamiento y ministerio de Charles Haddon Spurgeon. Los escritos y la predicación de Bunyan revelan un terror al pecado y una honesta y celosa búsqueda de una espiritualidad personal a lo largo de toda la vida, la cual se convirtió en el modelo a seguir para Spurgeon. La convicción personal de Bunyan de que el éxito ministerial encuentra sus raíces en la espiritualidad personal del ministro, influenció la vida y ministerio de Spurgeon.

Trasfondo Histórico

John Bunyan fue un Inconformista quien sufrió una extensa persecución por su fe. Aún y con esto, este predicador influenció la comunidad Cristiana de su mundo y moldeó la herencia Bautista por muchas generaciones.

Bunyan nació en una tierra la cual estaba siendo sacudida por tumultos políticos y religiosos. A.R. Buckland señala que no mucho antes del nacimiento de Bunyan, la Biblia Inglesa tenía solamente 100 años de antigüedad, la Armada Española todavía estaba en la memoria de muchos y el gran reinado de la reina Elisabeth había ocurrido hacía menos de veinticinco años.[1]

En la arena política, el conflicto que eventualmente desembocaría en dos guerras civiles (1642-1646; 1648-1649) estalló furiosamente entre los partidarios de la Monarquía Inglesa (Realistas) y los Parlamentarios (los cabezas redondas). En la arena religiosa, la Iglesia de Inglaterra enfrentó conflicto interno por parte de los Puritanos quienes anhelaban desde hacía tiempo una reforma. El Act of Uniformity (1662) fue un intento de traer control, pero en lugar de ello resultó en la expulsión de 2.000 predicadores Puritanos, la cream de la cream dentro de la Iglesia Anglicana. Esto fue el catalítico que ayudó al movimiento Inconformista, el cual estaba mayoritariamente compuesto por Presbiterianos, Congregacionalistas y Bautistas. El Five Mile Act en Octubre de 1665 fue otro intento por controlar a los Inconformistas declarando ilegales a los predicadores que predicasen dentro de un radio de cinco millas (ocho kilómetros) alrededor de la ciudad. Este acto, fue decretado en Oxford debido a la plaga bubónica en Londres la cual desterró muchos pastores a lugares oscuros privándoles de poder así ganarse la vida.

Todo y así, en medio de este tumulto político y religioso, Dios levantó un gran número de gigantes espirituales, tales como Richard Sibbes, James Ussher (1581-1656), Alexander Henderson (1583-1646), Samuel Rutherford, Richard Baxter (1615-1691), John Owen, John Howe (1630-1705) y por encima de todos estos gigantes de la fe, John Bunyan.

---

1   A. R. Buckland, *John Bunyan: The Man and His Work* (London: The Religious Tract Society, 1982), 15.

El nacimiento de Bunyan

Bunyan nació en 1628 en el pueblecito de Elstow aproximadamente a una milla de Bedford. Sus padres aún ser pobres y sin educación se aseguraron de que John recibiese como mínimo la educación básica. John Bunyan fue bautizado en la Parroquia de Elstow el 30 de Noviembre de 1628. A la edad de dieciséis años, Bunyan pasó a formar parte del ejército de Cromwell bajo la piadosa influencia de Oliver Cromwell (1599-1658). Bunyan probablemente sirvió por un cierto número de años. Esta experiencia influenciaría su pluma años más tarde.

La personalidad y apariencia de Bunyan

En relación a la personalidad, apariencia y creciente popularidad de Bunyan, Austen Kennedy de Blois comenta lo siguiente:

> No es una persona para ser ignorada. Aún y ser un poco tosco en apariencia, tiene una apariencia dominante y una personalidad atractiva. Él ha caminado treinta millas para su servicio. Es un hombre de ruda salud y abundante vitalidad...No tiene formación, tiene un gran corazón, es simple y elocuente en su hablar, es un hombre popular pero ya es señalado como líder...Solamente el nombre de este hombre ha atraído gente este noche aquí. El anuncio de que él ha de ser el predicador ha pasado de boca en boca y de casa en casa y cuando este predicador predica, las multitudes son atraídas a comunión por el poderoso fervor de Dios el Señor de los ejércitos sobre él, de tal manera que sus palabras capturan los corazones de la gente.[2]

Hubieron cinco puntos de inflexión en la vida de Bunyan: su conversión, su llamado al ministerio, su predicación, su encarcelamiento y su continua búsqueda de espiritualidad.

---

2   Austen Kennedy de Blois, *John Bunyan the Man* (Philadelphia: Judson Press, 1928), 3.

La Conversión de Bunyan

La vida temprana de Bunyan fue una vida de una total falta de devoción a Dios, de lujuria y de lenguaje profano. Bunyan escribió: "Estando lleno de toda injusticia... maldición, conjurar, mentir, y blasfemar el santo nombre de Dios."[3] El temor al juicio y al infierno eterno provocó en él numerosas pesadillas. Como un soldado bajo el mando de Cromwell, Bunyan se enfrentó con la brevedad de la vida cuando alguien fue muerto al remplazarlo. Bunyan escribió: "...pero cuando estaba listo para ir, uno de mis compañeros se ofreció para ir en mi lugar; cuando consentí a ello, él tomó mi lugar; viniendo del sitio, mientras estaba como centinela recibió la bala de un mosquetón en la cabeza y murió."[4]

No mucho tiempo después, Bunyan se casó con una mujer piadosa quien aún y ser pobre, trajo a su matrimonio dos libros que Bunyan leería de tiempo en tiempo: The Plain Man's Pathway to Heaven por Arthur Dent y The Practice of Piety por Lewis Bayly. Bunyan pronto se volvió "religioso." Un domingo en particular, él recuerda que el párroco habló de quebrantar el Día de Reposo. Al principio, Bunyan pensó que el párroco preparó el sermón con él en mente. El sermón le golpeó duro y removió la conciencia de Bunyan, "así que fui a casa cuando el sermón terminó con una gran carga sobre mí espíritu."[5] Pronto, después de esto, estaba otra vez de vuelta a su antigua y profana manera de proceder, cuando sintió impresa en su corazón la pregunta: "¿Dejarás tu pecado e iras al cielo ó lo retendrás e iras al infierno?"[6]

Un mes más tarde, Bunyan retornó a su antigua manera de vivir – ¡hasta que fue reprendido por su manera profana por una mujer impía y perdida! Bunyan se reformó pero no despertó. Intentó establecer su propia justicia pero era ignorante del evangelio. Un año más tarde, en la providencial misericordia de Dios, Bunyan observó a tres o cuatro mujeres hablando de cosas acerca de Dios. Bunyan

---

3   John Bunyan, *Grace Abounding to the Chief of Sinners* en George Offor, ed., *The Works of John Bunyan*, 3 vols. (Glasgow: Blackie and Son, 1860), 1:6.

4   *Grace Abounding to the Chief of Sinners, The Works of John Bunyan*, 1:7.

5   *Grace Abounding to the Chief of Sinners, The Works of John Bunyan*, 1:8.

6   *Grace Abounding to the Chief of Sinners, The Works of John Bunyan*, 1:8.

John Bunyan
(1628-1688)

fue conmovido y escribí,

> ...su hablar era sobre el nuevo nacimiento, el trabajo de Dios en sus corazones, también como habían sido traídas a convicción de su miserable estado, miserable por naturaleza: hablaban de cómo Dios había visitado sus almas con el amor del Señor Jesús...y como despreciaban, tenían en poco y aborrecían su propia justicia...como inmunda e insuficiente para hacerles a ellas algún bien. Ellas hablan como si el gozo les hiciese hablar: hablaban con tal placer del lenguaje de las Escrituras y con tal apariencia de gracia en todo lo que decían, que me pareció que ellas habían encontrado un nuevo mundo. Con esto sentí mi propio corazón sacudido.[7]

Bunyan meditó sobre esas palabras y a menudo volvió para seguir escuchando. Empezó a escudriñar honestamente las Escrituras. Bunyan vivió de mucha agonía en su alma.

Un día escuchó a alguien predicar del Cantar de los Cantares 4:1 "He aquí que tu eres hermosa, amiga mía, he aquí que tú eres hermosa." Bunyan escribió:

> Ahora mi corazón estaba lleno de consuelo y esperanza, ahora podía creer que mis pecados debían ser perdonados: sí ahora estaba tan tomado del amor y la misericordia de Dios que recuerdo que no podía decir como lo contuve hasta llegar a casa; pensé, podría haber hablado de Su amor y de Su misericordia hacia mí a las multitudes que se encontraban delante de mí...[8]

El llamado de Bunyan a predicar

El llamado de Bunyan a predicar fue central en su vida y trabajo. Por encima de todo, Bunyan, al igual que otros Puritanos, era predicador del evangelio. Bunyan describe su llamado al ministerio con

---

7 *Grace Abounding to the Chief of Sinners, The Works of John Bunyan,* 1:9.
8 *Grace Abounding to the Chief of Sinners, The Works of John Bunyan,* 1:17.

gran detalle:

> Aún y a pesar de mí mismo, de todos los grandes santos el más indigno, con gran temor y temblor a la vista de mis propias debilidades, de acuerdo a mi don y a la proporción de mi fe, me dispuse al trabajo de predicar el glorioso evangelio que Dios me había mostrado en su santa Palabra de verdad; el cual, cuando el país entendió, vinieron a escuchar la palabra por cientos y de todas partes, aún varios y diversos acontecimientos. Doy gracias a Dios que me dio alguna medida de piedad por sus almas lo cual también me puso a trabajar con gran diligencia y honestidad para encontrar la palabra que pudiese y si Dios la bendijese, tomarme de ella y despertar la consciencia en la cual también el buen Señor ha respetado el deseo de su siervo.[9]

Bunyan prosigue expresando su sorpresa en como Dios usaría a un vaso como él:

> A lo cierto, he sido como uno enviado a ellos desde los muertos: yo mismo fui en cadenas a predicar a aquellos que estaban en cadenas: y llevé el fuego en mi propia conciencia para persuadirles para que estuviesen atentos. Verdaderamente puedo decir sin disimular, que cuando he tenido que predicar, lo he hecho lleno de culpa y terror aún hasta la puerta del púlpito, allí han sido quitados y he tenido libertad en mi mente hasta que he hecho mi trabajo, entonces, inmediatamente, incluso antes de que pudiese bajar las escaleras del púlpito, he sido tan malo como era antes; todo y con esto, Dios siguió llevándome, por seguro con mano firme, ya que ni culpabilidad, ni infierno podrían apartarme de mí trabajo.[10]

John Piper resume el poder y la influencia de la predicación de

---

9   *Grace Abounding to the Chief of Sinners, The Works of John Bunyan*, 1:40-41.
10 *Grace Abounding to the Chief of Sinners, The Works of John Bunyan*, 1:42.

John Bunyan:

No sería ordenado como pastor de la iglesia de Bedford hasta diecisiete años más tarde. Aún y así, su popularidad como predicador laico explotó. La influencia de su trabajo creció. "Cuando el país entendió que... el calderero se había convertido en predicador," John Bunyan nos dice, "ellos venían para escuchar la palabra por cientos y de todas partes. Charles Doe, un fabricante de peines en Londres, dijo (más tarde en la vida de Bunyan), "Mr. Bunyan predicó el Nuevo Testamento de tal manera que me hizo admirar y llorar de gozo y darle mis sentimientos." En los días del edicto de tolerancia, una gran multitud de 1.200 personas se reuniría entre semana para escucharle predicar a las siete de la mañana.

Una vez, mientras Bunyan estaba en prisión, una congragación de sesenta personas fue arrestada y llevada a prisión por la noche. Un testigo cuenta que, "Escuché a Mr. Bunyan predicar y orar con ese espíritu poderoso de fe y Plerophory [llenura] de Divina Asistencia que... me hizo levantar y maravillarme." El rey Charles preguntó a John Owen, el mayor teólogo Puritano y contemporáneo de John Bunyan, por qué él, un gran escolar, iba para escuchar a un calderero sin educación. A ello respondió, "estaría dispuesto a cambiar mi conocimiento por el poder del calderero para tocar los corazones de la gente."[11]

El encarcelamiento de Bunyan

Cuando Oliver Cromwell murió el 3 de Septiembre de 1658, John Bunyan tenía treinta años. El Rey Charles II fue convocado desde Breda, Holanda, bajo el entendimiento que él estaría de acuerdo en la libertad religiosa. Sin embargo, una vez coronado, las tornas se dieron la vuelta y la persecución religiosa en contra de los Incon-

---

11   John Piper, "Suffering and the Sovereignty of God" en *The Southern Baptist Journal of Theology,* vol. 4, No 2 (2000), 10, Ver también, John Piper, *The Hidden Smile of God: The Fruit of Affliction in the Lives of John Bunyan, William Cowper, and David Brainerd* (Wheaton, Illinois: Crossway Book, 2001), 53-54.

formistas se desató. Ultimátums pronto fueron declarados: conformidad ó encarcelamiento. Bunyan rechazó parar de predicar el evangelio y como resultado fue encarcelado. Irónicamente, la persecución fortaleció la causa que buscaba acabar. Citando a dos Inconformistas Ingleses y a dos escoceses, Marcus L. Loane señala que el asunto real fue que Bunyan y otros estaban en realidad luchando por la libertad religiosa:

> Estos cuatro hombres [Alexander Henderson, Samuel Rutherford, John Bunyan y Richard Baxter] estaban todos ellos a la cabeza de los luchadores por la libertad de su propio tiempo y lucharon por la libertad de la verdad y de la consciencia, libertad por la vida y adoración, libertad como ciudadanos y como Cristianos... Ellos fueron encendidos por una nobleza interna de motivo e ideal que los levanta por encima de insignificante crítica y les da el eterno título de ser conocidos como hombres quienes fueron, como en el Peregrino de Bunyan, Valientes-por-la-Verdad.[12]

Vera Brittain también escribe, "Él es el individuo quien estableció, en un momento de confusión política y persecución religiosa, el derecho a mantener una relación directa entre él y Dios. A él le debemos la libertad de adoración que el mundo de habla inglesa, a diferencia de otras naciones de nuestro tiempo, nunca ha perdido."[13] Además Brittain menciona la naturaleza madura del encarcelamiento de Bunyan, desde un joven de poco carácter al hombre maduro. Brittain comenta, "John Bunyan fue al Bedford County Gaol un joven rebelde de treinta años. Se convirtió en un hombre de cuarenta años maduro y experimentado en cuya presencia otros prisioneros habían muerto."[14]

Estando en la prisión de Bedford, Bunyan escribió The Pilgrim's Progress una maravillosa alegoría sobre la búsqueda de santidad.

---

12   Marcus L. Loane, *Makers of Puritan History* (Grand Rapids: Eerdmans Publishing Company, 1961), 12.

13   Vera Brittain, *In the Steps of John Bunyan: An Excursion into Puritan England* (London: Rich and Cowan, 1950), 15.

14   Brittain, *In the Steps of John Bunyan*, 14.

Enfrentando numerosas dificultades y periodos de relativa libertad en prisión, Bunyan no estuvo sin hacer nada. Durante sus doce años en la cárcel de Bedford, Bunyan escribió numeroso libros: Profitable Meditations (1661), Prayer [I will Pray in the Spirit] (1663), Christian Behaviour (1663), One Thing Needful (1665), The Holy City (1665), Resurrection of the Dead (1665), y Grace Abounding to the Chief of Sinners (1666).[15] Quizás su encarcelamiento fue la cúspide de su ministerio ya que allí empezó a escribir The Pilgrim's Progress el cual modelaría incontables vidas – incluyendo la vida de C.H. Spurgeon – por generaciones.

La búsqueda de espiritualidad personal por parte de Bunyan

El corazón y la pasión de Bunyan por la espiritualidad personal son resumidas en un discurso titulado. "La Vida Santa: La Belleza del Cristianismo." El discurso es una exposición de 2 de Timoteo 2:19. El trabajo original fue publicado en 1684 pero fue tan peculiar que pasó desapercibido para los primeros editores de Bunyan hasta que fue publicado de nuevo en 1780. En él puede verse el gran entendimiento de Bunyan en relación a las sutilezas y terror del pecado. Por ejemplo, en la introducción, Bunyan señala que existe una diferencia entre la fe verdadera y la fe falsa, la primera busca la santidad en todas las áreas, mientras que la segunda escoge el camino más fácil. La fe verdadera será evidenciada en la búsqueda de santidad en todas las áreas ya que lo que busca es obediencia. Bunyan correctamente señala que:

> Hay trabajos que no cuestan nada y trabajos que cuestan algo. Se observa que la fe que no es sincera escogerá por si misma los trabajos más fáciles que pueda encontrar. Por ejemplo, por un lado están la lectura, oración, escuchar sermones, bautismo, participar del pan, comunión con la iglesia, predicación, por otro lado están; la mortificación de las lujurias, amor, simpleza, sinceridad, dar a los pobres con

---

15   Edward E. Hindson, *Introduction to Puritan Theology* (Grand Rapids: Baker Book House, 1976), 221-222.

liberalidad, y cosas parecidas. La fe que no es sincera escoge de aquí y de allí, toma y deja, mientras que la fe verdadera no hace eso.[16]

Bunyan prosigue en ese tema y cita ocho puntos para animar a sus lectores en la búsqueda de santidad y en el rechazo del pecado:

1. *Recuerda* que Dios te observa y sus ojos están sobre ti...
2. *Recuerda* que la ira de Dios se manifiesta en contra del [pecado], sin dudarlo tomará venganza del pecado y de todo aquello que le da entretenimiento.
3. *Recuerda* los problemas que el pecado ha causado a aquellos que lo han aceptado y la angustia que ha traído sobre otros.
4. *Recuerda* que Cristo sufrió por él y puede liberarnos de su poder.
5. *Recuerda* que aquellos que ahora están en el fuego del infierno fueron allí porque amaron la iniquidad y no se apartaron de ella.
6. *Recuerda* que una profesión de fe no vale nada si aquellos que la hacen no se apartan de la iniquidad.
7. *Recuerda* que tu lecho de muerte no será nada fácil para ti si tu conciencia en ese día está bloqueada por la culpabilidad de tu iniquidad.
8. *Recuerda* que en el día del juicio, Cristo dirá a aquellos que no se han apartado de su pecado e iniquidad, "Apar-taros de mí."

Por último, Recuerda bien y piensa en ello, que bendito galardón el Hijo de Dios dará en ese día a aquellos que han añadido a su confesión de fe en él, una santa y bendita conversación.[17]

---

16 *The Works of John Bunyan*, 2:508.
17 *The Works of John Bunyan*, 2:518.

Bunyan no creía que el ser humano podía buscar la santidad por sí mismo sin la divina asistencia. Animó a sus lectores a buscar la ayuda del Espíritu Santo para así ejecutar las cuatro gracias: fe, arrepentimiento, amor y esperanza. El amor para Bunyan es preeminentemente práctico y encuentra su antecedente en la obediencia. Bunyan comenta que, "un hombre no puede amar a Dios si no ama la santidad; un hombre no ama la santidad si no ama la Palabra de Dios; un hombre no ama la Palabra de Dios si no la obedece."[18] En su búsqueda de santidad, Bunyan no era un legalista sino que confió grandemente en el poder de la gracia de Dios:

> Adquiere más gracia, ya que cuanta más gracia tengas más lejos tu corazón estará de la iniquidad, más en contra del pecado y mejor capacitado para apartase de él cuando viene a ti y te ruegue por entretenimiento. Ahora bien, la manera de adquirir más gracia es tener más conocimiento de Cristo y orar más fervientemente en su nombre; también es sujetar tu alma y tu lujuria con toda tu capacidad bajo la autoridad de esa gracia que te es dada, juzgarte y condenarte a ti mismo más severamente delante de Dios, ya que cada inclinación secreta que encuentras en la carne te lleva a pecar.[19]

Bunyan se tomó seriamente a lo largo de su vida la lucha en contra del pecado y la búsqueda de santidad. Estaba acostumbrado a realizar una introspección piadosa, la cual le llevase a una confesión de todo corazón y a la asistencia del Espíritu Santo para tener victoria en su vida diaria.

Éxito ministerial demanda espiritualidad personal

Los escritos de Bunyan revelan su convicción personal de que la espiritualidad en el ministerio es absolutamente esencial para la fidelidad en el ministerio. Bunyan sostuvo la idea de un ministro nacido de nuevo y llamado al ministerio. Tenazmente sostuvo la in-

---

18 *The Works of John Bunyan*, 2:520.
19 *The Works of John Bunyan*, 2:546.

tegridad en el ministerio, la oración en el ministerio, la fidelidad en el ministerio, la espiritualidad en el ministerio y la gracia de Dios en el ministerio. Bunyan también sostuvo advertir severamente contra los falsos pastores.

1. Un ministro nacido de nuevo

Bunyan firmemente creyó en un ministro nacido de nuevo más que en uno titulado. De manera clara advirtió a los predicadores y a los defensores del evangelio el asegurarse de que eran verdaderamente nacidos de nuevo.[20] Esto es visto en el libro escrito por John Bunyan en sus primeros años de ministerio y titulado A Few Sighs from Hell basado en una exposición de Lucas 16:19-31. El libro fue primeramente publicado en 1658 y fue publicado nueve veces más durante el tiempo que Bunyan estuvo vivo. La primera publicación contiene un extraño prólogo escrito por John Gifford, el pastor de Bunyan en Bedford. Bunyan advierte a los ministros del evangelio de asegurarse que sean verdaderamente nacidos de nuevo. Bunyan escribe:

> Aseguraos de que no tratan con una noción vacía de las Escrituras en sus cabezas, por la cual sean capaces de ir lejos, incluso tan lejos como para discutir por la verdad, predicar el evangelio, trabajar para vindicar el evangelio en oposición a aquellos que lo refutan, y todo y así, encontrarse en la mano izquierda de Cristo en el día del juicio, por cuanto trataron únicamente con una noción o con el conocimiento tradicional de ello.

George Offor, el editor de Bunyan añade en las notas a pie de página, "de todos los hombres más miserables deben estar aquellos ministros y profesores de religión quienes en el gran día dirán 'Señor, Señor no hemos profetizado en tu nombre' y a quienes el Señor les dirá 'nunca os conocí, apartaos de mí hacedores de maldad.'"[21]

---

20   *The Works of John Bunyan*, 3:723.
21   Referencia a Mateo 7:22-23.

Para Bunyan, la conversión no era solamente una experiencia emocional sino más bien una vida transformada y vivida bajo el señorío de Cristo. Bunyan concluye su discurso diciendo:

Trata de estar seguro de escapar de esas rocas tan peligrosas a mano derecha e izquierda, mira que tu fe sea como la que aparece definida en la Escritura. Que no estés satisfecho sin ella, con esa fe traída por la poderosa operación de Dios revelando a Cristo en ti y a ti habiéndote liberado completamente de tus pecados por su preciosa sangre. Tal fe, si atiendes a ella, trabajará en tu corazón y primeramente verás la naturaleza de la ley y [segundo] también verás la naturaleza del evangelio y el deleite en su gloria; también encontrarás tu corazón y alma atraídos a Cristo Jesús hasta el punto de entregar todo tu ser a él para ser gobernado por él para su gloria y ser conformado por la fe del mismo Señor Jesús.[22]

2. *Un ministro llamado al ministerio*

Históricamente los ministros Disidentes Ingleses creían fuertemente que el oficio de pastor era un oficio santo al cual el Dios Todopoderoso llama y nombra a sus siervos escogidos. Offor, da detalle del llamado de los ministros Disidentes Ingleses en el tiempo de John Bunyan:

Primero, son notados sus dones en oración y conversación sobre cosas concernientes a lo Divino, su aptitud en ilustrar y confirmar lo que ellos avanzan en la Escritura; segundo son animados a orar y dirigirse a los niños pobres en una Escuela Dominical. Si ellos manifiestan una aptitud para enseñar, en tercer lugar son invitados a dar una exhortación a la iglesia en privado, entonces en cuarto lugar, son animados a orar y predicar entre los pobres de los pueblos y de las casas de trabajo. El Dios que dio el deseo y el talento pronto abre puertas para un mayor uso público. En muchos casos ellos entran

---

22 *A Few Sighs from Hell, The Works of John Bunyan*, 3:724.

en un curso de estudio para prepararles para su trabajo pero muchos de nuestros más valiosos ministros, como Bunyan, confían en su oración y estudio de las Escrituras. Su colegio fue una prisión y su biblioteca la Biblia. Bunyan vino con gigantesco poder para luchar contra el príncipe de las tinieblas. Ningún conocimiento humano podría haberlo preparado para esa terrible y misteriosa batalla.[23]

Bunyan comenta sobre sus experiencias y de ese modo comparte el hecho de que cada ministro del evangelio debe ser llamado y apartado por Dios para este gran y glorioso oficio. Bunyan escribe:

Después de haber estado por cinco o seis años despierto, y después de haberme ayudado a mí mismo a ver el querer y el valor de Jesucristo nuestro Señor, y también haber permitido a mí alma aventurarse a él, algunos de los más capaces de entre los santos entre nosotros, yo digo que el más capaz en juicio y en vida santa, como ellos lo conciben, en realidad percibieron que Dios me ha tenido digno de entender algunas cosas de su voluntad en su santa y bendita Palabra y me ha dado la palabras, en alguna medida, para expresar lo que veo para la edificación de otros; por lo tanto, ellos deseaban, y esto con gran sinceridad, que yo estuviese dispuesto , en algunas ocasiones, a liderar algunas de las reuniones y compartir una palabra de exhortación a ellos...Para ir concluyendo, siendo todavía deseado por la iglesia, después de una solemne oración al Señor y con ayuno, fui todavía más particularmente llamado a seguir y nombrado a una mayor y más publica predicación de la palabra, no solo a aquellos que creen sino también a compartir el evangelio a aquellos que todavía no han recibido la fe.[24]

---

23   *The Works of John Bunyan*, 2:41.
24   *Grace Abounding to the Chief of Sinners, The Works of John Bunyan*, 1:41.

3. *Integridad en el ministerio*

Bunyan estaba firmemente convencido de que la integridad y espiritualidad personal son esenciales para la fidelidad del ministro, ya que el ministro es el pilar de la iglesia y por lo tanto, debe ser un ejemplo piadoso en vida y conducta. En Solomon's Temple Spiritualized (1688; basado en Ezequiel 43:10-11) Bunyan busca presentar a sus lectores la maravilla de la "gloria del evangelio" en el Templo de Salomón. Bunyan advierte severamente a los ministros en relación a la codicia:

> La codicia hace a un ministro oler mal [olor peculiar], y perecerse más a un perro glotón que a un apóstol de Jesucristo... ahora ellos son las columnas de la iglesia y están de pie en el porche de la casa... que la iglesia pueda aprender de ellos a ser despreocupada con las cosas del mundo y también a ser rica en amor y caridad hacia los hermanos. Un ministro codicioso es la parte más baja de la estructura...ya que los ojos de todos en el porche están sobre ellos, ser modelos y ejemplos de buenas obras...O iglesias, que vuestros ministros sean embellecidos con vuestro amor, que ellos puedan embelleceros con su amor y que también puedan ser un ornamento para ti y para el Evangelio que te ministran para la gloria de Jesu Cristo.[25]

4. *Oración en el ministerio*

Exponiendo sobre el amor de Cristo, Bunyan espera que cada ministro ame sinceramente el rebaño que ha sido dado bajo su cuidado. Este amor debe ser demostrado a través de una sincera y honesta oración por el rebaño:

> Este es el primer lugar donde se nos muestra el amor de un ministro por Jesucristo. El amor de un ministro por su rebaño es visto en su oración por ellos; Pablo comúnmente, ya sea al inicio o al final o en ambos lugares da a entender a las ig-

---

25 *Solomon's Temple Spiritualized, The Works of John Bunyan*, 3:473-475.

lesias por medio de sus epístolas, que él a menudo oraba a Dios de corazón por ellos...y no solo esto, sino que también especifica las misericordias, bendiciones y beneficios que él honestamente pidió a Dios para ellos.[26]

5. Fidelidad en el ministerio

"Paul's Departure and Crown," un manuscrito escrito y preparado por Bunyan para ser publicado, fue uno de los diez manuscritos encontrados después de la muerte de Bunyan. Según Offor, este manuscrito tiene la marca de haber sido compuesto y quizás predicado, hacia el final del peregrinaje de Bunyan en esta tierra. En este manuscrito, Bunyan expone 2 Timoteo 4:6-8 y expresa la necesidad de ser fiel en manejar la Palabra de Dios:

Este mal debe ser prevenido: -por un cuidado diligente por parte de los ministros; -por una predicación diligente de la palabra del Señor: - y por sanos reproches, correcciones y exhortaciones a aquellos, quien quiera que sean, que se observa cualquier mínimo viraje brusco o desvío del evangelio. Los ministros del evangelio cada uno de ellos tiene la autoridad que pertenece a su llamado y oficio y no necesitan del poder del ser humano para establecer las leyes de Cristo en plena ejecución en su iglesia.[27]

Más adelante en el manuscrito, Bunyan hace un número de consideraciones concernientes a la fidelidad de un ministro del evangelio:

Primero: Si eres fiel en hacer el trabajo que Dios te ha encomendado hacer en este mundo para su nombre, trabaja para vivir mucho en el favor y sentir de la libertad dada por Jesucristo... *Segundo*, trabaja para ver belleza y gloria en santidad y en todo buen trabajo: esto tiene que ver mucho más con la dedicación de tu corazón... *Tercero*... considera en gran man-

---

26   *The Saint's Knowledge of Christ's Love, The Works of John Bunyan*, 2:12.
27   "Paul's Departure and Crown," *The Works of John Bunyan*, 1:722-723.

era un corazón y consciencia temblorosos... *Cuarto*...que la religión sea el único negocio que captura tus pensamientos y tiempo... *Quinto*... ten cuidado de no para o quedarte estancado cuando tienes trabajo duro por hacer... *Sexto*... trabaja para mantener tu corazón con un correcto entendimiento, tanto de las cosas de este mundo presente como de las cosas que deben venir...*Séptimo*... ten cuidado de no resbalar o dejar pasar la oportunidad presente que la providencia pone delante de ti... *Octavo*... cree que cualquier cosa buena que has hecho para él, si es hecha de acuerdo a la Palabra, no es solamente aceptada por él ahora, sino también grabada para ser recordada por ti en contra del tiempo que viene; sí atesorada para ti como un tesoro en un cofre y baúl, para ser sacada y galardonada delante de los hombres y los ángeles para tu eterna consolación por Jesucristo Señor nuestro.[28]

6. Espiritualidad en el ministerio

Bunyan en el mismo discurso continua escribiendo sobre la espiritualidad en el ministerio. Bunyan expone cuatro puntos con una serie de sub-puntos, designados para demostrar el ejercicio práctico de la santidad en el corazón:

1. Diariamente trae de manera conjunta tu corazón y la Palabra de Dios, de tal manera que tu corazón sea nivelado por la Palabra y también llenado por ella...
2. Un continuo recordar de que cada día tú tienes el trabajo que se te ha permitido hacer; y que son suficientes los males que te acechan cada día...
3. Deja que tu corazón esté más afectado con aquello que concierne al honor de Dios y al provecho de la gloria del evangelio, que con lo que son tus preocupaciones como hombre, con todo avance en este mundo...
4. Analiza tu propio corazón cada día antes de dormir, considera lo que has recibido de Dios, lo que has hecho

---

28 "Paul's Departure and Crown," *The Works of John Bunyan*, 1:731-737.

> por él y donde también has tenido carencias. Esto
> engendrará alabanza y humildad y te permitirá
> redimir el día que ha pasado...[29]

Exponiendo 1 Timoteo 3, Bunyan se centra en el oficio de pastor y enfatiza las demandas y expectativas en cuanto a la espiritualidad personal en el hogar. Bunyan destaca cuatro aspectos esenciales en la espiritualidad personal. Uno, un pastor debe tener un sano entendimiento de la verdad bíblica y ejercitar liderazgo bíblico en su familia (Tito 1:9:2 Efesios 6:1-4). Dos, un pastor debería ser apto para enseñar, reprender, exhortar como debe ser el cabeza de su familia (1 Timoteo 3:2; Deuteronomio 6:7). Tres, un pastor debe ser ejemplo en fe y santidad y debería ser cabeza como debe ser del cabeza de familia (1 Timoteo 3:2-4; 4:12). Cuatro, el pastor debe ejercer liderazgo en convocar a la iglesia para orar y para la predicación como verdaderamente debería ser de cada cabeza familiar.[30]

7. *La gracia en el ministerio*

Bunyan tendría mucho que decir concerniente a la dureza de algunos ministros de hoy en día y a la dureza de su mensaje. Bunyan correctamente creía en predicar del corazón al corazón más que amartillar la congragación domingo tras domingo. Exponiendo en la necesidad de los ministros de hablar llenos de gracia, comenta lo siguiente:

> Hay un incidente que sucede en nosotros (la dirección con la cual un cuerpo choca contra otro), no sé como sucede pero cuando nos convertimos tratamos con desdén a aquellos que son dejados atrás. Pobres necios que somos, nos olvidamos de que nosotros mismos también estuvimos como ellos.
>
> Sería mejor para nosotros ya que hemos probado la gracia del Señor, llevársela a ellos de tal manera que pudiésemos

---

29 "Paul's Departure and Crown," *The Works of John Bunyan*, 1:733.

30 "Christian Behaviour," *The Works of John Bunyan*, 2:556.

darles motivos convincentes para creer que hemos encontrado la misericordia la cual también deja la puerta abierta para ellos para que puedan venir y ser partícipes con nosotros. Ministros, yo digo que así debería hacerse con la doctrina y en todos los otros aspectos. La austeridad no es para nosotros ni en doctrina ni en conversación. Nosotros mismos vivimos por gracia; demos como recibimos y trabajemos para persuadir a los pecadores que Dios ha dejado detrás de nosotros, seguir tras ellos para que puedan ser partícipes con nosotros de la gracia. Somos salvos por gracia; vivamos como aquellos que tienen la gracia. Que todas nuestras cosas en el mundo sean hechas con amor hacia ellos; compasión hacia ellos, oración por ellos, ser familiares con ellos para su asombro; no caminemos por las calles y tengamos tal comportamiento que demostremos que somos escasos en tocar a los pobres que son dejados atrás; no, no con un par de pinzas. No debe ser así de los ministros.[31]

8. Advertencia contra *los falsos pastores*

Bunyan seriamente advierte contra los falsos pastores. Establece una lista de seis marcas que identifican a los falsos pastores, y una para identificar al verdadero pastor:

Esto debe enseñar a la gente a ser muy cuidadosa en cuanto a quien encomiendan la enseñanza y la guía de sus almas. Hay siete tipos de pastores en el mundo:

1. Hay pastores holgazanes (Zacarías 11:5).
2. Hay pastores necios (Zacarías 11:15).
3. Hay pastores que se alimentan a ellos mismos y no a su rebaño (Ezequiel 34:2).
4. Hay pastores de corazón duro y faltos de piedad (Zacarías 11:5).
5. Hay pastores que en lugar de sanar, golpean, empujan

---

31   "The Jerusalem Sinner Saved," *The Works of John Bunyan*, 1:98.

y dañan al enfermo (Ezequiel 34:4, 21).

6. Hay pastores que "causan a su rebaño descarriarse" (Jeremías 50:6).

7. Y hay pastores que alimentan a su rebaño; estos son los pastores a quienes debes comprometer tu alma para enseñanza y guía.[32]

Sin ninguna duda, la convicción de Bunyan de que el éxito ministerial encuentra su antecedente en la espiritualidad del ministerio está innegablemente establecida.

Conclusión

John Bunyan murió en 1688. Su búsqueda de santidad a lo largo de su vida cautivó todo su ser. Su predicación y escritos reflejan esta continua pasión, su corazón por una espiritualidad personal está resumido en su "Dying Sayings" acerca del pecado: "El pecado convierte toda la gracia de Dios en algo licencioso; es el desafío de su justicia, la violación de su misericordia, la burla de su paciencia, el desprecio de su poder y el desdén de su amor."[33]

La espiritualidad personal para Bunyan fue prerrequisito para la fidelidad y el éxito en el ministerio. Esta pasión se arraigó en la mente y corazón de C.H. Spurgeon quien, como veremos en el siguiente capítulo, examinó, cuando era joven, los escritos de Bunyan y continuó caminando en su camino a lo largo de toda su vida y ministerio.

---

32   "The Greatness of the Soul and Unspeakableness of the Loss Thereof," *The Works of John Bunyan*, 1:143.

33   "Dying Sayings," *The Works of John Bunyan*, 1:65.

3

La influencia de Bunyan en la vida y ministerio de Spurgeon

La admiración de Spurgeon por John Bunyan
La admiración de Spurgeon por John Bunyan no conoció fronteras. Cuando era joven, Spurgeon gravó los personajes y escenas vívidas de Bunyan, procedentes de las páginas de The Pilgrim's Progress, en su mente y las estampó en su corazón. Los personajes de Bunyan permearon la vida y pensamiento de Spurgeon. Fueron usados de manera amplia en ilustraciones en sus sermones y a nivel personal deleitaron su alma. El amor especial de Spurgeon hacia The Pilgrim's Progress es manifiesto en el hecho de que escribió un comentario titulado Pictures from Pilgrim's Progress sobre el famoso libro de Bunyan. Consiste en 237 páginas en las que de manera entusiasta Spurgeon empieza el libro con "Después de la Biblia el libro que más valoro es The Pilgrim's Progress de John Bunyan." Spurgeon enérgicamente señala "creo que lo he leído [Pilgrim's Progress] por lo menos cien veces. Es un libro del cual parece ser que nunca estoy cansado; el secreto de su frescura reside en que está mayoritariamente compuesto de la Escritura."[1]

---

1   C.H. Spurgeon, *Pictures from the Pilgrim´s Progress* (London: Fleming H. Revell Company, 1903),11.

La influencia de Bunyan en Spurgeon

El amor de Spurgeon por John Bunyan y sus escritos permearon su vida. Por ejemplo, John Bunyan es citado doce veces en la autobiografía de C.H Spurgeon *The Early Years*[2] y nueve veces en la segunda parte de su autobiografía, *The Full Harvest*.[3]

Cuando era niño, Spurgeon entró en contacto con los trabajos de los Puritanos mientras estaba con su abuelo. Fue allí cuando el joven chico fue introducido a aquel que se convertiría en uno de sus amigos de por vida a través de la lectura de las páginas de The *Pilgrim's Progress*, John Bunyan. Spurgeon escribe, "primero me quede atrapado con los mártires, en especial con 'Old Bonner'[4] quien los quemó; después con John Bunyan y su 'Peregrino.'[5] Spurgeon disfrutó tanto a John Bunyan que a temprana edad memorizó grandes porciones de los escritos de Bunyan. Esto es aparente cuando siendo un joven de quince años, Spurgeon asistió a J.D. Everett, otro adolescente en la escuela donde Spurgeon estaba sirviendo como pupilo. Everett – más tarde Profesor J.D. Everett, F.R.S. del Queen's College, Belfast – estuvo tan impresionado de la memoria de Spurgeon que comenta en *The Christian World*, después de la muerte de Spurgeon, "lo escuché recitar largos pasajes de *Grace Abounding* de Bunyan."[6]

El propio corazón y alma de Spurgeon estaban entretejidos con los de Bunyan. Este mismo espíritu puede verse en lo que Spurgeon escribe años más tarde:

¡O, que tú y yo pudiéramos llegar al mismo corazón de la Palabra de Dios y poder llevar esa Palabra a nuestro interior! De la misma manera como he visto al gusano de seda comer

---

2   *C.H. Spurgeon Autobiography, The Early Years, 1834-1859* (Edinburgh: The Banner of Truth Trust, 1962), 40, 65, 85, 89, 151, 164, 190, 202, 203, 223, 317, 384.

3   *C. H. Spurgeon Autobiography, The Full Harvest, 1860-1892* (Edinburgh: The Banner of Truth Trust 1976), 26, 45, 66, 127, 156, 158, 159, 338, 386.

4   Edmund Bonner (c.1500-1569), Obispo de Londres.

5   *The Early Years*, 11.

6   *The Early Years*, 40.

la hoja y consumirla, así debemos hacer con la Palabra del Señor; - no sirve de nada gatear sobre su superficie sino consumirla hasta que hemos llegado a sus partes más profundas. No vale para nada echar un vistazo a las palabras o recordar sus expresiones poéticas o sus hechos históricos; sino que lo bendecido es consumir la Biblia hasta su misma alma hasta que, al final, puedes hablar con el lenguaje de la Escritura, tu estilo es moldeado según modelos bíblicos, y lo que es todavía mejor, tu espíritu es sazonado con las palabras del Señor. Citaré John Bunyan como ejemplo de lo que quiero decir. Lean cualquier cosa de él y verán que es casi como leer la Biblia. Ha estudiado nuestra Versión Autorizada, la cual nunca será mejor, por lo menos, hasta que Cristo vuelva; la leyó hasta que todo su ser estuvo saturado por la Escritura; y aunque sus escritos están llenos de poesía, él no puede darnos su Pilgrim's Progress – el poema más dulce de todos los poemas de prosa – sin hacernos sentir y preguntarnos continuamente, "¿Por qué este hombre es una Biblia viviente?" Tómenlo en cualquier parte y encontrarán que su sangre es Biblina, la misma esencia de la Biblia fluye de él. No puede hablar sin citar un texto porque su alma está llena de la Palabra de Dios.[7]

La influencia de Bunyan en la predicación de Spurgeon

El análisis de Spurgeon de los trabajos de John Bunyan es especialmente obvio en su ministerio en el púlpito. Sus sermones estaban llenos de citas, ilustraciones, y analogías sacadas de los escritos de Bunyan. Una investigación revela que solamente unos pocos volúmenes de sermones de Spurgeon presentan la ausencia de la influencia de Bunyan.[8]

Una ilustración temprana de Spurgeon citando a Bunyan la encontramos cuando él tenía veinticinco años. El 6 de Noviembre de

---

7   *The Full Harvest*, 158-159.

8   Material de Bunyan puede ser encontrado en *Metropolitan Tabernacle*, vols, 1, 2, 3, 4, 8, 9, 10, 11, 12, 13, 15, 17, 20, 26, 42, 45, 46, 47, 50, 52, 53, 54, 56, 57, y 62.

1856 predicó a una multitud estimada de 10.000 personas en los Jardines del Music Hall.[9] Su sermón fue titulado "Pero en cuanto a mí el acercarme a Dios es el bien" (Salmo 73:28). Señalando la realidad de que la verdad cuando es aprendida directamente de Dios cambia la vida, Spurgeon cita a John Bunyan como ejemplo:

John Bunyan dice que nunca olvidó lo que aprendió de mano de la Divinidad porque fue grabado en él cuando estaba sobre sus rodillas. Esta es la manera en cómo se aprende el evangelio. Si lo aprendes sobre tus rodillas nunca será desaprendido. Lo que el ser humano enseña, el ser humano puede desenseñar. Si estoy convencido de algo por la razón, un mejor pensador puede desviarme. Si solamente sustento mis opiniones doctrinales porque ellas me parecen correctas, puedo ser llevado a pensar de manera distinta otro día. Pero si Dios me las ha enseñado – él quien en sí mismos es la pura verdad – no he aprendido en vano, sino que he aprendido de tal manera que nunca seré desaprendido ni tampoco olvidaré.[10]

Algunos años más tarde en el Tabernáculo Metropolitano un domingo por la mañana, un 15 de Enero de 1865, Spurgeon se refirió al Pilgrim's Progress en un mensaje titulado, "Conocimiento Ordenado." Basado en Daniel 11:32-33, el mensaje ilustra la necesidad de una lectura sistemática de la Biblia. Spurgeon declaró:

Lean la Biblia consecutivamente: no solamente lean un versículo aquí y allí – esto no es justo. Nunca sabrían nada del Pilgrim's Progress de John Bunyan si abriesen el libro una mañana y leyesen seis líneas en cualquier parte y entonces lo cerrasen; deben leer a través de él si quieren saber algo de él.

---

9   Jesse Page, *C.H. Spurgeon His Life and Ministry* (London: Partridge and Co., 1892), 71.

10   *The Early Years*, 320-327.

La *influencia de Bunyan en el Colegio de Pastores*

C.H. Spurgeon vio el Colegio de Pastores que fundó como un ministerio crucial. Por ejemplo, en un discurso titulado simplemente 'Fe,' dado en una conferencia en el Colegio de Pastores el 16 de Abril de 1872, Spurgeon citó The Pilgrim's Progress para ilustrar e imprimir en sus oyentes la absoluta necesidad de una fe firme frente a numerosos enemigos y obstáculos. Inequívocamente declaró:

> Oro que el Señor dote a este Colegio de Fe. Que podamos ser una iglesia dotada y establecida – establecida sobre la roca, y dotada con las bendiciones del pacto de la gracia. Recuerden hermanos, que ustedes y yo estamos ahora comprometidos a la fe. Es demasiado tarde para echarse atrás. Estamos en la misma condición que el Peregrino de John Bunyan: debemos seguir adelante. Hay muchos peligros delante de nosotros, el valle de sombras de muerte se abre delante de nosotros; los dardos volarán de manera densa alrededor de nosotros a medida que atravesamos las sombras. Es duro el seguir adelante pero no podemos ir marcha atrás ya que no tenemos armadura para nuestras espaldas. Supongan que debiéramos tomar la razón, supongan que debiéramos abandonar los rudimentos de la fe, ¿qué quedaría de nosotros?[11]

En *Lectures To My Students*, en un discurso titulado "Book of Fables, Emblems and Parables," Spurgeon menciona Bunyan y cita extensivamente de sus escritos a los estudiantes del Colegio:

> Ahora, en relación a las parábolas propiamente, lo mejor que puedo hacer por vosotros, hermanos, es indicaros donde podéis encontrar algunas de ellas. Primero, hay una gran cantidad, como algunos de vosotros sabréis, en The Pilgrim's Progress de John Bunyan. Esas escenas donde el Cristiano

---

11   C.H. Spurgeon, *An All-Round Ministry* (Edinburgh: The Banner of Truth Trust, 1978), 30.

permanece en la casa del Intérprete y en el sitio llamado Beautiful, son algunas de las mejores y más ricas parábolas que pueden ser encontradas en la literatura del ser humano. Verdaderamente, con excepción de esas parábolas de nuestro Señor, no hay otras que puedan superarlas. Hay una parábola de un hombre barriendo la habitación y casi asfixiando al peregrino con el polvo que levanta hasta que agua es esparcida por la doncella que estaba allí. Están los dos niños, Pasión y Paciencia; el fuego ardiendo en una pared sin ser apagado por el agua ya que la llama estaba avivada secretamente por aceite; el hombre en una jaula de hierro y otras que no voy a traer ahora a vuestra memoria pero que todos vosotros deberíais saberlas de corazón.[12]

Spurgeon continua comentando el pequeño libro de Bunyan para niños con el cual estaba bien familiarizado. Spurgeon cita del libro e incluye la poesía de Bunyan:

Sin embargo, no todos podéis estar familiarizados con el hecho de que John Bunyan escribió A Book for Boys and Girls. Divine Emblems, or Temporal Things Spiritualized, en el cual se encuentran algunas parábolas excelentes. Realmente son símbolos; las encontrarán en la espléndida edición de los trabajos de Bunyan en tres volúmenes editados por Offor los cuales todos vosotros debéis conseguir si os es posible. No voy a decir que la poesía en sus símbolos excede a la de Milton o tan siquiera rivaliza con la de Cowper, pero el sentido es bueno. Les sirva esta como ejemplo, -

"Este pedernal desde tiempos inmemorables tiene su morada,
Donde las corrientes cristalinas tienen su continuo fluir
Pero aún y esto el pedernal permanece como era
Antes de que el agua viniese o el pedernal la tocase.
Su dureza no es disminuida ni en lo más mínimo

---

12   C.H. Spurgeon. *Lectures to My Students,* 4 vols. (1875-1905; reprint, Grand Rapids: Baker Books, 1980), 3:120-121.

Ni tampoco penetrado por el agua
Aún y que el agua tiene una virtud debilitadora
El agua no puede disolver la piedra porque es un pedernal

Sí, aún y en el agua el pedernal permanece
Su fiera naturaleza todavía retiene

Si tú te opones con su misma oposición
Entonces en tu misma faz su fuego escupirá

COMPARACION
Este pedernal es un símbolo de aquellos que mienten,
Bajo la Palabra de Dios, como piedras son hasta que mueren
Sus corrientes cristalinas no han cambiado su naturaleza,
Ellos no están separados por gracia de su lujuria."[13]

Opina lo que quieras de la rima, aún y así la metáfora es buena.

La influencia de Bunyan en The Sword and the Trowel

Bunyan se encuentra de manera omnipresente en la revista semanal de Spurgeon, The Sword and the Trowel (ver volúmenes 1, 3,
4, 5, 6). Bunyan es mencionado en citas, alusiones e ilustraciones.
Como ejemplo, en el artículo, "Por Gracia sois Salvos," en el primer
volumen de la revista (Febrero 1865), podemos ver a Spurgeon ro-
gando por los pecadores a arrepentimiento. Usando las veces que
John Bunyan escapó de manera ajustada de la muerte como incisi-
va ilustración de la urgencia de aceptar a Cristo, Spurgeon escribe:

Es por la gracia de Dios que hombres impíos son preserva-
dos de una muerte inmediata. El hacha afilada de la justicia
pronto cortaría el árbol estéril si la voz intercesora de Jesús
no clamase, "líbralo por un tiempo más." Muchos pecadores,
cuando se convierten a Dios, reconocen que fue solamente
por la misericordia de Dios que no fueron consumidos. John

---

13   Spurgeon, *Lectures to My Students*, 3:121.

Bunyan tuvo tres escapes memorables de la muerte antes de su conversión los cuales menciona en "Grace Abounding," ejemplos de paciente misericordia. En ocasiones, tales escapes son hechos el medio de tocar el corazón con tiernas emociones acerca del amor de Dios y profunda pena por haberle ofendido. ¿Debería ser de otra manera? ¿No deberíamos entender que la paciencia de Dios es salvación? (2 Pedro 3:15). Un oficial durante la batalla fue tocado por un perdigón cerca del bolsillo de su chaleco de cuero. El oficial resultó ileso ya que una moneda de plata paró la trayectoria del mortífero perdigón. La moneda fue marcada con las palabras DEI GRATIA (por la gracia de Dios). Esta circunstancia de la providencia divina gravó profundamente su mente y lo llevó a leer un tratado que su piadosa hermana le había dado en el momento de su partida. Dios bendiga la lectura de los tratados; él se convirtió por la rica Faz de Dios en un creyente del Señor Jesús. Lector, ¿no eres salvo? ¿Has experimentado algún escape de la muerte totalmente sorprendente? ¡Entonces adora y admira la libre gracia de Dios y ora que pueda llevarte al arrepentimiento![14]

Cuando Spurgeon estaba tristemente incapacitado para celebrar su cincuenta aniversario debido a una enfermedad que le forzó a retirarse a Menton, Francia, para descansar y recuperarse, Spurgeon preparó un artículo para The Sword and the Trowel titulado "En mis cincuenta años y envejeciendo." Spurgeon estaba pasando un período árido, sin duda agravado por su enfermedad y la continua presión en el ministerio. Su lucha en la preparación de sermones es ilustrada mediante una referencia al *Pilgrim's Progress* de Bunyan:

Estos cincuenta años no han sido sin sus exámenes peculiares de conciencia. Cuando me sentía cargado por el ininterrumpido trabajo, empecé a temer que era la edad de un hombre,

---

14   C.H. Spurgeon, "By Grace Are You Saved," *The Sword and the Trowel*, Febrero 1865 (reprint; Albany; AGES Software, 2000), 30-31.

así también como el trabajo de oficina, lo que estaba causando la pereza de mente. Todos recordamos como Bunyan dice en su Pilgrim's Progress, "Tal como lo saqué así vino." Así fue con mis sermones; pero ellos querían más y más sacar.[15]

Interesantemente, mientras estaba defendiendo firmemente la fe en contra del Liberalismo y el compromiso doctrinal, Spurgeon en *The Sword and the Trowel*, en los escritos conocidos como "La Controversia de Down-Grade," debió defenderse a sí mismo de sus acusadores quienes le acusaban de alejarse de la herencia Bautista. ¡Sus enemigos tuvieron la audacia de citar a John Bunyan en contra de él! Spurgeon rápida y decisivamente respondió en un artículo titulado "Intentos de lo Imposible," en la edición de *The Sword and the Trowel* en Diciembre de 1888:

Ya que John Bunyan ha sido arrastrado, por medio de un motor de mil caballos, a la Controversia de Down-Grade, como si él estuviese, ó hubiese estado opuesto a nuestra protesta, pensamos que deberíamos mirar en sus trabajos para ver si él en alguna ocasión se opuso a un credo; y como nuestros lectores supondrán, pronto encontramos que él tuvo uno propio, extremadamente lleno y claro. Parece un chiste, que los oponentes más temerarios deban intentar poner al Honesto John en el lado equivocado; sin un espíritu burlón sino más bien con total y absoluta seriedad, sugerimos a cualquiera que esté inclinado a repetir tal burdo experimento, que ellos deberían primero estudiar la propia Confesión de Fe de Bunyan. Como tememos que declinarán la tarea, les hacemos un regalo de su creencia en cuanto a la Doctrina de la Elección. Si ellos no tienen el gozo en leerla, entonces pueda haber otros que lo hagan. En todo caso, la enseñanza bíblica que establece en su homilía merece consideración. Así escribió el autor de *The Pilgrim's Progress*.[16]

---

15   *The Full Harvest*, 386.

16   C. H. Spurgeon, "Attempt at the Impossible," *The Sword and the Trowel*, December 1888 (reprint; Albany: AGES Software, 2000), 95.

Aún y **después de** la muerte de Spurgeon, Bunyan fue llevado hasta el fin del mundo a través de los sermones de Spurgeon publicados en The Sword and the Trowel. Un ejemplo excelente es un sermón titulado "Aquí estoy" (1 Samuel 3:4) y publicado el 5 de Marzo de 1908, dieciséis años después de la muerte de Spurgeon (31 de Enero de 1892):

John Bunyan habla a Eargate siendo parado en el camino por mugre, como a menudo esta. El ser humano no puede escuchar la voz de Dios porque hay pecado en el camino, algún pecado querido; y no son suficientemente sabios para darse cuenta de que lo que ellos escucharán serán los medios o bien para salvarles o bien para condenarles. Escuchar sermones verdaderamente evangelístico es una solemne ocupación en la cual seres inteligentes pueden dedicarse. Los oídos atentos no son ni mucho menos algo común; regocíjate tú que los tienes.[17]

De nuevo, Bunyan aparece en un extracto de un sermón titulado "God's Hand at Eventide" basado en Ezequiel 33:22 y publicado en The Sword and the Trowel el 22 de Febrero de 1912, veinte años después de la muerte de Spurgeon:

"Por la noche habrá luz." En algunas partes del mundo no hay crepúsculo; tan pronto como el sol se pone, la noche sigue de manera inmediata; pero aquí en Inglaterra, nuestros largos atardeceres son una delicia, y ciertamente también lo es aquel atardecer que se apaga de una vida bien invertida, cuando en gran manera has terminado con el trabajo y tumulto del servicio terrenal y tu alma tiene una estación de bendecido descanso, como lo tuvieron los peregrinos de Bunyan en la tierra de Beulah, hasta que la llamada vino para cruzar el río e ir a la presencia del rey. Será algo bendecido

---

17 C. H. Spurgeon, "Here Am I," *The Sword and the Trowel,* January 31, 1892 (reprint; Albany: AGES Software, 2000), 54:145.

el sentir la mano de nuestro Señor sobre nosotros en aquel atardecer; y sea largo o corto, todo estará bien con aquellos que confían en el Señor Jesucristo.[18]

Bunyan y Spurgeon unidos en los periódicos

Incluso en los periódicos, la identificación de Spurgeon con Bunyan fue establecida de manera temprana en su ministerio. Cuando Spurgeon subió a la fama como un predicador del evangelio, su estilo de predicación energética y sus apasionadas oraciones fueron duramente criticados. Una carta cruel y crítica dirigida al editor bajo la firma de "Un Amante de la Propiedad" apareció en The Essex Standard el 18 de Abril de 1855. La carta se quejaba de manera amarga contra las oraciones "profanas" y la "prostitución en el púlpito"[19] de Spurgeon. La siguiente semana, una carta de un estilo bastante distinto fue publicada:

Señor – Sus lectores han tenido las opiniones de dos partidarios de la Iglesia Oficial en relación a la predicación del Rev. C.H. Spurgeon; confío en su buena equidad en permitir a un Disidente la oportunidad de expresar los sentimientos mantenidos por muchos que han gozado del placer de escuchar las fervientes palabras de tal distinguido ministro del evangelio.

Mr. Spurgeon instituye una nueva era, o más correctamente, reaviva el buen y viejo estilo de Bunyan, Wesley y Whitefield – hombres que su ferviente elocuencia trajo convicción a los corazones de sus oyentes – hombres que no se preocuparon por los aplausos de sus semejantes, sino que lo hicieron todo para la gloria de Dios. Mr. S. sigue los pasos de estos apóstoles y ¿Quién podría desear líderes más nobles? – Su siervo obediente, Vox Populi.[20]

---

18   C. H: Spurgeon, "God's Hand at Eventide," *The Sword and the Trowel*, February 22, 1912 (reprint; Albany: AGES Software, 2000), 58:77.

19   *The Early Years*, 316-317.

20   *The Early Years*, 317-318.

La influencia de Bunyan en Spurgeon es de por vida

En 1862, Spurgeon atendió a la ceremonia en honor de John Bunyan. Eric Hayden señala:

> En la primavera del año [1862] hubo dos incidentes importantes e interesantes. La tumba de John Bunyan en Bunhill Fields[21] fue restaurada y Spurgeon atendió a la ceremonia con el Conde de Shaftesbury. Spurgeon habló de Bunyan como predicador, autor y sufridor. Spurgeon dijo que tenía en gran valor *The Holy War* más que *The Pilgrim's Progress*.[22]

Treinta años más tarde, tan solo semanas antes de su muerte, Spurgeon compartió la noche de Fin de Año y la mañana siguiente con algunos amigos cercanos. Las dos charlas fueron tituladas "Rompiendo el largo Silencio,"[23] y fueron publicadas después de su muerte en The Sword and the Trowel en Febrero de 1892. En sus horas finales, Spurgeon una vez más, encontró en The Pilgrim's Progress el vehículo de expresión e ilustración a medida que se identificó con los escritos de su amigo de por vida, John Bunyan:

> QUERIDOS AMIGOS, - No soy capaz de deciros mucho en estos momentos. Os habría invitado gozosamente a orar cada mañana si hubiese sido capaz de reunirme con vosotros; pero no tengo fuerzas suficientes. No puedo retenerme en compartiros un poco en esta última noche del año, a manera Retrospectiva, y quizás, en la mañana del Nuevo Año pueda añadir una palabra que mire hacia el futuro. Hemos llegado bien lejos en el viaje de la vida; estando en la frontera de otro año, miramos hacia atrás. Que cada uno eche un vistazo a su propio camino. No me necesitareis para encontrar palabras o frases correctas: cada uno puede mirar con sus propios ojos y

---

21 Un cementerio en Londres donde muchos Inconformistas o ministros Disidentes están enterrados.

22 Eric W. Hayden, *Highlights in the Life of Charles Haddon Spurgeon* (reprint; Albany: AGES Software, 2000), 19.

23 *The Full Harvest*, 503.

mirar su propio camino. De entre las cosas llamativas que deben ser notadas, están los peligros de los cuales hemos escapado. Después de que el Peregrino de Bunyan hubiese escapado de manera segura del Valle de las Sombras de Muerte, la luz de la mañana descendió sobre él y sentándose, miró atrás hacia el terrible camino que había pasado. Le parecía terrible que una vez hubiese marchado por la noche a través de ese valle; pero cuando miró atrás y vio los horrores de los que había escapado, debe haberse sentido contento de que la oscuridad hubiese ocultado muchos de sus peligros cuando estaba en medio de ella. Mucho de lo mismo ha sido con nosotros: gracias a Dios ahora que vemos claramente los peligros, los hemos pasado de manera segura.[24]

---

24   C.H. Spurgeon. "Breaking the Long Silence," *The Sword and the Trowel,* February, 1892 (reprint; Albany: AGES Sóftware, 2000), 281.

John Gill
(1697-1771)

4

La vida, ministerio y espiritualidad de John Gill

La influencia de John Gill

El siguiente bosquejo de la vida y ministerio de John Gill (1697-1771) revela que el teólogo-predicador de Londres tuvo una influencia sustancial y de por vida en el ministerio y vida de C.H. Spurgeon. De hecho, los escritos teológicos de Gill fueron usados de manera extensa por Spurgeon, no solo para preparar a futuros pastores sino también, para apoyar y asegurar la propia posición teológica de Spurgeon, especialmente cuando estaba inmerso en medio de alguna controversia teológica. Con un énfasis especial en los escritos y predicación de Gill, el bosquejo revela la búsqueda personal de Gill por la espiritualidad, dicha búsqueda se convirtió en un modelo a seguir por parte de Spurgeon y su inquebrantable convicción de que el éxito ministerial tiene sus raíces en la espiritualidad personal del ministro.

Los primeros años de la vida de Gill

John Gill nació en 1697 en Kettering, Northamtonshire, hijo de Edward y Elizabeth Gill, padres Disidentes. Ellos sinceramente creían que su hijo "ofrecería un eminente servicio por el interés Bautista."[1] La habilidad intelectual de Gill le mereció una posición en la Escuela de Gramática de Kettering. Gill pronto superaría a sus compañeros de estudios en la maestría de Latín y Griego y rápidamente se ganaría la reputación de ser un ávido lector. Sin embargo, el director de la escuela estableció la norma de que cada estudiante debía aprender el Catecismo y atender a los servicios de la Iglesia Anglicana. En forma de protesta, los padres Disidentes de Gill le sacaron de la escuela siendo este el motivo por el cual la educación formal de Gill terminó a la edad de once años. Todo y con eso, Gill no fue disuadido; su disposición a los estudios fue evidente a todo el mundo cuando dominó el Hebreo, así también como la lógica, filosofía y retórica.[2]

William Wallis (d.1711) fue el pastor de la iglesia Bautista Particular donde Gill se convirtió a la tierna edad de doce años. El sermón estaba basado en Génesis 3:9, "Y Dios llamó a Adán y le dijo, ¿dónde estás tú Adán?" Gill fue traído a convicción del pecado de su alma y su gran necesidad de Cristo. Preocupado por no hacer una falsa confesión de fe, Gill esperó hasta que tenía diecinueve años antes de ser bautizado por Thomas Wallis (d. 1726) el 1 de Diciembre de 1716.[3] Al domingo siguiente, Gill fue recibido como miembro de la iglesia y participó de la Santa Cena. Esa tarde, cuando Gill expuso sobre Isaías 53, sus dones fueron evidentes a todos. Después de un año de formación en Higham-Ferrers, aproximadamente a siete millas de Kettering, conoció y se casó en 1718 con Elizabeth Negus (d. 1764). In sus Memoirs, leemos, "Su matrimonio con esta excelente mujer, siempre lo consideró el principal motivo por el cual Dios lo mandó a ese sitio, ya que ella demostró ser una

---

1   Robert Oliver, "John Gill: His Life and Ministry," en Michael A.G. Haykin, ed., *The Life and Thought of John Gill (1697-1771): A Tercentennial Appreciation* (New York: Brill, 1997), 8.

2   John Gill, *Body of Divinity* (1769; reprint, Georgia: Turner Lassetter, 1957), v-vii.

3   Gill, *Body of Divinity*, vi.

esposa cuidadosa, discreta y afectuosa y continuó así por cuarenta y seis años."[4] Gill posteriormente retornó a Kettering y empezó a ministrar en dicho lugar. Dios estuvo complacido en bendecir su ministerio a través de un número de conversiones, en particular las de algunos de sus amigos de toda la vida.

El llamado de Gill a Southwark

La vieja iglesia de Benjamin Keach (1640-1704) en Southwark, Londres, llamó a Gill. El servició de iniciación fue celebrado el 22 de Marzo de 1720. Sin embargo, no todo fue bien. Una separación de iglesia se produjo prontamente, resultando con Gill y la gran mayoría de la iglesia temporalmente realojada y volviendo a su antigua iglesia madre en 1720. Más tarde, un nuevo edificio se establecería en Carter Lane, Southwark, donde Gill ministraría hasta su muerte en 1771.[5]

Los escritos teológicos de Gill

Gill fue un prolífico escritor quien ha dejado al Cristianismo una gran herencia de escritos y comentarios teológicos. Por ejemplo, Gill escribió *Exposition of the Song of Solomon* (1728); *Exposition of the New Testament* (1746-1748); *Exposition of the Books of Proverbs of the Old Testament* (1757-1758) y *Exposition of the Old Testament* (1748-1763). Gill trató con una gran cantidad de controversias teológicas en sus días las cuales incluyen *Treatise on the Doctrine of the Trinity*, una defensa de la enseñanza ortodoxa de la Trinidad en contra de la influencia del Sabellianismo y *The Cause of God and Truth*, una defensa de las doctrinas de la gracia. Aún y cuando Gill gozó de una amistad cercana con dos líderes Anglicanos, Augustus Toplady (1740-1778) y James Harvey (1714-1758), Gill nunca comprometió sus convicciones Bautistas. Por ejemplo, su *The Dissenter's Reason for Separating from the Church of England* (1751) responde a una acusación hecha por los Galeses Anglicanos de que

---

4   Gill, *Body of Divinity*, vii.

5   Robert Oliver, "John Gill," en Michael A.G. Haykin, ed., *The British Particular Baptist 1638-1910* (Springfield: Particular Baptist Press, 1998), 1:147.

los Disidentes eran separatistas. Otro ejemplo es el rechazo de Gill del bautismo de infantes. En 1776 Gill escribió un tratado "Infant Baptist a Part and Pillar Popery," en contra de la práctica anglicana del bautismo de infantes el cual creía minaba la iglesia de Cristo. Una cita que vale la pena mencionar es la visión de Gill en cuanto a la justificación:

> Creemos que la justificación de los escogidos de Dios es solamente por la justicia de Cristo imputada a ellos sin consideración de las obras de justicia hechas por ellos, y que el completo y libre perdón de todos sus pecados y transgresiones, pasadas, presentes y futuras, es solo por medio de la sangre de Cristo según las riquezas de su gracia.[6]

La predicación de Gill

Los sermones de Gill son obras maestras de una, cuidadosa, diligente y autoritativa exégesis. La mayor parte de la aplicación, en típica forma Puritana, es guardada para el final del sermón. Su filosofía de predicación es expuesta en el párrafo que sigue a continuación:

> Debe ser cuidadoso tanto en la manera como en el contenido de su ministerio; que hable el evangelio llanamente, inteligiblemente y honestamente, tal y como debe ser hablado. Elocuencia la cual es un don de palabra, una libertad de expresión con propiedad de lenguaje, es uno de los dones adecuados para el uso público en el trabajo del ministerio; y que puede ser mejorado con el uso de medios adecuados.[7]

A menudo Gill es acusado de hiper-Calvinismo. Sin embargo, Tom Nettles da un convincente argumento de que este no es el caso. Gill creía que en la predicación el ministro libra su propia alama y es motivado por el deseo de salvación de sus oyentes. Net-

---

6   Citado por Oliver, "John Gill: His Life and Ministry," 20.

7   Citado en Thomas J. Nettles, "John Gill and the Evangelical Awakening," en Michael A.G. Haykin, ed., *The Life and Thought of John Gill*, 145-146.

tles cita Duties of a Pastor de Gill: "La Palabra predicada por ellos siendo, por la gracia del Espíritu, una Palabra gravada, es capaza de salvarles; el Evangelio siendo asistido por la Demostración del Espíritu, es el Poder de Dios para salvación."[8]

La espiritualidad de Gill

El excelente artículo de Gregory Willis sobre la espiritualidad de John Gill, transforma la percepción común de Gill de un simple estoico temeroso, a un pastor apasionado y cuidadoso. Concerniente a la espiritualidad del corazón, Willis señala que Gill estaba convencido que el corazón de un Cristiano debe rebosar con el amor de Dios: "Un afecto vehemente por Dios y su gloria...amor ardiente y encendido."[9] Gill sostuvo que la belleza de Cristo permanecía como la atracción preeminente para el creyente:

> Todo el ser de Cristo fue "amoroso y deseable" ya que el poseía "toda la belleza, poder, sabiduría y gracia...la santidad aparece aquí en perfección en la belleza, conocimiento y sabiduría... Verle a Él, el Rey, en su belleza, es una visión deslumbrante, la cual llena de gozo indecible y de la plenitud de la Gloria.[10]

Gill sostuvo que la espiritualidad presenta cuatro elementos distintivos. Primero, la espiritualidad implica una comunión con Cristo. Esto involucra amar y adorar a Cristo en su belleza y meditar acerca de Cristo y su gracia. Segundo, la espiritualidad implica adoración. Esto involucra externos tales como, oración, alabanza y escuchar la Palabra e internos tales como, piedad, temor, fe, confianza, amor y acción de gracias. Tercero, la espiritualidad y doctrina son absolutamente esenciales para el crecimiento espiritual y el amor a Dios. Finalmente, la espiritualidad está íntimamente ligada a la iglesia. Esto involucra la bendición de la presencia de Dios, la

---

8   Nettles, "John Gill and the Evangelical Awakening," 149.

9   Citado en Gregory Willis, "The Fire That Burns Within: The Spirituality of John Gill," en Michael A.G. Haykin, ed., *The Life and Thoughts of John Gill*, 193-194.

10   Willis, "The Fire That Burns Within," 194.

comunión con los creyentes (deber y amor) y la participación en la Mesa del Señor.[11]

La muerte de Gill

Gill murió el 14 de Octubre de 1771 a la edad de setenta y cuatro años. El texto para el sermón en su funeral fue, "Pues me propuse no saber entre vosotros cosa alguna sino a Jesucristo, y a éste crucificado" (1 Corintios 2:2). Una elegía escrita por John Fellows (d. 1785) concluye con las siguientes líneas acerca de Gill:

> ¡Y tú, bendito santo!
> Ahora removido de nuestra escena
> Recibido por los ángeles y por Jesús amado;
> Pueda tu justa página
> todavía permanecer a vista nuestra
> Y sea tu nombre recordado
> Puedan todos los trabajos de tu amor inspirar
> A los hijos de la gracia el fuego santo tocar
> O, puedan nuestras almas
> inclinarse a todas tus palabras
> Y podamos encender nuestras
> moribundas velas a la luz de ellas
> Podamos en corazón y vida,
> estar de acuerdo contigo,
> Y aprender a vivir, a amar y a morir como tú
> Tus trabajos permanecen
> delante de nosotros; pueda aquel que lea
> Seguir tus pasos e imitar tus hechos.[12]

El éxito ministerial demanda espiritualidad personal

Se le pidió a Gill predicar en la ordenación de George Braithwaite (1681-1748) el 28 de Marzo de 1734. Cuidadosamente escogió 1 Timoteo 4:16 como su texto: "Ten cuidado de ti mismo y de la doc-

---

11   Willis, "The Fire That Burns Within," 196-203.

12   John Fellows, *An Elegy on the Death of the Rev. John Gill, D.D.* (London, 1771).

trina; persiste en ello, pues haciendo esto, te salvarás a ti mismo y a los que te oyeren." Gill tituló el sermón "El Deber del Pastor hacia su Gente."[13] A medida que exponía el texto, es posible ver como Gill relacionó la espiritualidad con el éxito ministerial. El deseo de Gill es evidente: "Haciendo esto [manteniendo una espiritualidad personal] casi con toda certeza serás el instrumento para la conversión de pecadores y la edificación de los santos. Dios dé éxito a todo tu servicio."

Examinemos el sermón de Gill para ver como Braithwaite, o cualquier otro ministro en potencia, según Gill, puede convertirse en un "exitoso" ministro del evangelio, y porque Gill estaba convencido de que el éxito está directamente relacionado con la espiritualidad personal.

Primero, Gill enfatizó la necesidad para un ministro exitoso de redimir el tiempo. Para Gill, redimir el tiempo implicaba cultivar una espiritualidad personal. Enfatizó la oración, la meditación y la lectura diaria de las Escrituras. Gill afirmó:

> El tiempo es precioso, debe ser redimido y mejorado diligentemente por todo ser humano; pero mucho más por aquel que es ministro del evangelio, el cual debería invertir el tiempo en oración frecuente, en constante meditación y en una lectura diaria de las Escrituras y de escritos de hombres piadosos; los cuales son transmitidos para la posteridad para el beneficio y ventaja de las iglesias de Cristo. Ellos deberían dedicarse totalmente a estas cosas y diariamente y diligentemente estudiar para presentarse aprobados delante de Dios como obrero que no tiene nada de qué avergonzarse, que usa bien la palabra de verdad (2 Timoteo 2:15).[14]

Gill refuerza el dedicarse a la espiritualidad personal por medio de controlar el temperamento y las pasiones. Sin esta espiritualidad interior, el ministro del evangelio puede en verdad, dañar a la

---

13   The Duty of the Pastor to His People" en John Gill, *A Collection of Sermons and Tracts* (London: George Keith, 1773), 2:1-13.

14   "The Duty of a Pastor to his People," 2:5.

iglesia de Cristo:

> Un ministro debe tener cuidado de su espíritu, su temperamento y sus pasiones de tal manera que no sea gobernado por ellas. Los predicadores del evangelio son hombres con pasiones al igual que el resto: Algunos de los discípulos de Cristo eran fogosos, fieros y apasionados...Uno que tiene el gobierno de sus pasiones y puede gobernar su propio espíritu y temperamento es bien apto para gobernar la iglesia de Cristo. Aquel que es tardo en airarse es mucho mejor que el poderoso y aquel que gobierna su espíritu es mejor que aquel que toma una ciudad (Prov. 16:32). Si un hombre es gobernado e influenciado por sus pasiones, será llevado por ellas a tomar pasos secundarios e imprudentes y manejar los asuntos con parcialidad, para el prejuicio de la iglesia y de los miembros de ella.[15]

Gill estaba convencido de que la espiritualidad personal es absolutamente esencial para el éxito ministerial ya que el ministro debe ser un ejemplo para la iglesia en santidad y amor personal. Puede notarse en la siguiente cita como Gill respalda sus opiniones con la Escritura:

> Un ministro debe tener cuidado de su vida y conversación, de tal manera que pueda ser ejemplar para aquellos que están bajo su cuidado. Todos los Cristianos pueden y deben ser ejemplos el uno al otro; deberían ser cuidadosos en mantener (Tito 3:8) o dirigirse el uno al otro en buenas obras, pero más especialmente los ministros deberían ser ejemplos para su rebaño. Este fue el consejo que el apóstol dio a Timoteo; sé ejemplo de los creyentes en palabra, conducta, amor, espíritu, fe y pureza (1 Timoteo 4:12).[16]

---

15   "The Duty of the Pastor to his People," 2:6.
16   "The Duty of the Pastor to his People," 2:6.

Gill sabía con seguridad de que, ya que la espiritualidad personal es absolutamente esencial para el éxito del evangelio, lo contrario también era cierto, la falta de espiritualidad en el ministro resulta en un ministerio inútil y sin beneficio. Por lo tanto, Gill advierte a Braithwaite y a otros:

Ellos [los ministros] deberían ser cuidadosos en cómo se comportan en sus familias, en la iglesia y en el mundo; de tal manera que sean irreprochables en todo, que el ministerio no pueda ser culpado de tal manera que se vuelva inútil y sin beneficio. Esto fue de lo que el apóstol Pablo fue cuidadoso con respecto de sí mismo y de su ministerio: "sino que golpeo mi cuerpo y lo pongo en servidumbre (1 Cor. 9:27)... no sea que habiendo sido heraldo para otros, fuese culpable de conducta en su conversación y por lo tanto eliminado y desaprobado por los hombres y su ministerio inútil. El nombre de Dios, los caminos de Cristo y las verdades del evangelio, son blasfemados y se habla mal de ellos a través de las vidas escandalosas de profesores y en especial de ministros. Nada es más abominable que aquel cuyo trabajo es instruir y corregir a otros, y él mismo es un culpable notorio.[17]

Gill concluye su sermón llevando a casa la importancia de la espiritualidad personal para el éxito ministerial:

Concluyo diciendo que esto también te compromete a tener cuidado de tu doctrina; que sea acorde a las Escrituras, la doctrina de Cristo, los apóstoles y la verdadera piedad, tal doctrina será provechosa a aquellos que la escuchan, será hallada incorruptible, pura y sin mezcla, consistente con sí misma; que pueda ser dada de la mejor manera de la cual eres capaz y defendida en lo mejor de tu habilidad por la cual permanecerás y continuarás: Haciendo esto, casi con toda certeza, serás el instrumento para la conversión de pecadores

---

17 "The Duty of a Pastor to his People," 2:7.

y la edificación de los santos. Dios dé éxito a tu servicio.[18]

El 20 de Septiembre de 1767, Gill predicó en el funeral de William Anderson (d. 1767) un amigo y pastor Bautista colaborador. Su sermón, una detallada exposición de 2 de Timoteo 4:7-8 fue titulado "El Ministro Fiel de Cristo Coronado." Después de una cuidadosa exposición del texto, Gill hace un número de comentarios personales acerca de William Anderson. Gill enfatiza que el ministerio de Anderson fue exitoso porque él fue ejemplar no solamente en sus fieles trabajos para Cristo sino también en su conducta llena de gracia en medio del pueblo de Dios. Gill afirma que Anderson dejó una lucrativa posición en negocios para servir a una pobre congregación lo cual resultó en dificultades económicas personales. Todo y así, sin ninguna queja, Anderson trabajó y fue a lo último bendecido por Dios, siendo testigo de conversiones y de la edificación del pueblo de Dios. Gill declara que esa congregación, la cual fue tan grandemente bendecida, tristemente rechazó a Anderson y lo destituyó. Aún y a pesar de la profunda pena producida por el rechazo, él continúo ministrando fielmente a un pequeño grupo de la iglesia. Aquí podemos ver que el carácter piadoso evidenciado en la fidelidad en el ministerio, resultó en la bendición de Dios:

Estoy convencido, que ni la memoria de hombre vivo ni quizás tampoco la historia de ninguna época, pueden proporcionar un instante similar a este; que un ministro digno del evangelio debiera ser despojado de su oficio y sacado de su sitio cuando ninguna acusación, ni inmoralidad, ni falsa doctrina fueron presentadas en contra de él. Con este duro uso se encontró este ministro fiel de Cristo, estas fueron las heridas que recibió en la casa de aquellos que una vez pensó que eran sus amigos; el dolor de ello llegó hasta su corazón y del mismo modo la angustia embriagó su espíritu. No obstante, no cesó del trabajo de su Maestro el cual realizó con mayor vigor, consolación y alegría de lo que podría haberse

---

18   "The Duty of a Pastor to his People," 2:13.

esperado entre aquellos pocos que se abrieron a él y permanecieron con él.[19]

La fidelidad de Anderson, según Gill, resultó en éxito ministerial. Este éxito fue evidente en el crecimiento numérico y siendo instrumento para la edificación de la iglesia. Destacando el servicio fiel de Anderson, Gill declaró:

Dejó un lucrativo trabajo para servirles a ellos y servir al interés de Cristo, en el cual estaba puesto su corazón, en medio de ellos, le plació a Dios bendecir sus trabajos tanto en edificación como en conversión, de tal manera que hubo un crecimiento tanto en la audiencia como en los miembros, se dio a sí mismo de manera infatigable para servirles tanto en sus necesidades temporales como espirituales; por sus medios y a través de su interés, una espaciosa casa de adoración fue construida, la cual ellos querían grandemente.[20]

Gill concluyó su sermón animando al pequeño rebaño el cual estaba ahora sin pastor. En ello puede notarse la interconexión de la espiritualidad personal con el éxito ministerial en la mente de Gill:

Si Dios os envía un pastor para alimentaros con el conocimiento y entendimiento, del cual percibo que tenéis alguna esperanza; si Dios bendice sus trabajos, pueda ser vuestra tienda de reunión ensanchada y puedan las cortinas de vuestras habitaciones ser extendidas y pueda Dios incrementaros con hombres para vuestro rebaño, reuniros frecuentemente, orar ferviente y constantemente, ¿quién sabe si Dios tiene una bendición preparada para vosotros? Para concluir: ya que todos tenemos de una manera u otra una batalla que pelear, una carrera que correr y una confianza que cumplir, pelemos valientemente hasta que la batalla haya concluido; corramos

---

19   "The Faithful Minster of Christ Crowned," *A Collection of Sermons and Tracts*, 1:607.

20   "The Faithful Minister of Christ Crowned," 1:606-607.

con paciencia y diligencia el resto de la carrera delante de nosotros y trabajemos fielmente la confianza que descansa en nosotros, de tal manera que cuando todo esto haya sido hecho y acabado, podamos gozar la corona de justicia la cual es dada a todos los que aman la venida de Cristo.[21]

Conclusión

Mediante el estudio de los escritos académicos y los manuscritos de los sermones de Gill, no hay duda que Gill contribuyó significativamente al entendimiento del pensamiento Bautista. Uno no puede sino dar gracias a Dios por este gigante intelectual quien con gracia pero firmemente trató mediante sus escritos, el auge de la heterodoxia en su generación y en generaciones que todavía estaban por nacer. Spurgeon siguió a Gill en este respecto, batallando por la verdad en contra de muchos en la Controversia de Down-Grade.

La convergencia de la clara perspicacia teológica de Gill y su apasionada devoción por la gloria, la belleza y la santidad del Dios vivo, dejarían una huella imborrable en la mente y corazón de C.H. Spurgeon – en particular la convicción de Gill de que la espiritualidad tiene una correlación directa con el éxito ministerial.

---

21   "The Faithful Minister of Christ Crowned," 1:608.

5

La influencia de Gill en la vida y ministerio de Spurgeon

La admiración de Spurgeon por Gill
La admiración que Spurgeon tuvo por Gill a lo largo de toda su vida, se hace aparente en una gran variedad de maneras distintas, desde citas e ilustraciones en sermones y conferencias a sus estudiantes de ministerio, hasta sus cartas personales e incluso en su propia biblioteca.

La influencia de Gill en los sermones de Spurgeon
Los sermones de Spurgeon reflejan una alta estima por Gill. Desde los primeros días en Park Street Baptist Chapel hasta los últimos años de su ministerio en el Tabernáculo Metropolitano, Gill fue citado de manera extensa.[1]

Por ejemplo, Spurgeon cita del comentario de Gill para ilustrar un punto en uno de sus primeros sermones en Park Street Baptist

---

1 Ver, por ejemplo, *Metropolitan Tabernacle Pulpit*, vols, 1, 2, 3, 4, 7, 9, 10, 12, 14, 15, 17, 27, 31, 45, 48, 49 ,50, 51, 54, 55.

Chapel, "El Maravilloso Incremento de la Iglesia," basado en Isaías 60:8:

> Pero me parece que existe otra idea aquí, la unanimidad, la cual el Dr. Gill nos da en su muy valorado comentario, "¿quiénes son estos que vuelan como una nube? Se darán cuenta que no dice como nubes sino "como una nube," no como dos o tres cuerpos sino como una masa unida y compacta. Aquí yace el secreto de la fuerza. Divídenos en fracciones y seremos conquistados, únenos en una falange fija y nos convertiremos en invencibles; téjenos juntos como a un solo hombre y Satanás mismo nunca podrá partirnos en dos. Divídenos en hilos, deja que nuestra trama esté desunida y seremos como el carro podrido que arde frente a una simple chispa de fuego del enemigo. Pero gracias a Dios, somos "como el corazón de un solo hombre."[2]

En otro sermón, esta vez en el Exeter Hall, Spurgeon cita a John Gill junto con Juan Calvino (1509-1569) como autoridades en teología, aún y cuando Spurgeon mantiene que es la Palabra de Dios y no el hombre la que debe permanecer como la última autoridad para establecer la doctrina de la elección. En su sermón "Elección y Santidad," basado en Deuteronomio 10:14-16 y predicado el 11 de Marzo de 1860, Spurgeon declara, "El Arminiano tiembla en ir un centímetro más allá de Arminio o Wesley, y muchos a lo que Calvinisimio se refiere, a John Gill o Juan Calvino, como la última autoridad."[3] En los últimos años de Spurgeon, 1866, mientras estaba predicando el sermón "El Yelmo de la Esperanza" basado en 1 Tesalonicenses 5:8 en el Tabernáculo Metropolitano, Spurgeon cita un evento en la vida de Gill. Gill fue amenazado que si continuaba proclamando ciertas doctrinas, cierta persona dejaría la iglesia y la iglesia sufriría financieramente. Spurgeon cita la respuesta de Gill, "'puedo permitirme el ser pobre'," dijo el Dr. Gill cuando uno de sus

---

2   "Marvellous Increase of the Church," The New Park Street Pulpit, 2:75.

3   "Election and Holiness," The New Park Street Pulpit, 6:133.

suscriptores le amenazó con dejar su sitio y dejar de atender si el doctor predicaba tal y tal doctrina."[4]

La influencia de Gill en The Sword and the Trowel

En un artículo "El Uso de la Pluma," publicado en el volumen de The Sword and the Trowel de 1871, Spurgeon escribe para animar a hombres jóvenes a no predicar solamente la Palabra sino como Gill y otros a tomar sus plumas y escribir:

> La proclamación de la verdad por medio de la voz viva es su trabajo principal y por muchas razones merece su principal atención; pero la publicación de la misma verdad por medio de la prensa es apenas de segunda importancia y debería ser usada en la plena capacidad de acuerdo a la habilidad de cada hombre...Jóvenes, miren sus plumas de ganso, sus Gillets and sus Waverleys y vean si no pueden escribir para Jesús.[5]

La influencia de Gill en las cartas personales de Spurgeon

Tres cartas de Spurgeon que explícitamente mencionan a Gill incluyen, una carta en su juventud a su padre, una requiriendo a un amigo suyo guardar los comentarios de Gill para su hijo y otra escrita en medio de la controversia a los líderes del Tabernáculo Metropolitano.

Spurgeon escribió a su padre, John Spurgeon a principios de 1854 al inicio de su ministerio, "Los Retratos de Gill y Rippon – grandes como la vida – colgados en la sacristía."[6] (Ambos, Gill y Rippon, como Spurgeon, eran excepcionalmente jóvenes, en sus veinte, cuando fueron llamados a la congregación de Southwark). Otra carta fue escrita a su amigo J.K. Keys (el secretario de edición de Spurgeon, investigador y corrector) que guardase un set de los comentarios de Gill y otros libros para el cumpleaños de su hijo Charles. Spurgeon escribió, "Quiero una copia buena y

---

4   "The Helmet of Hope," The Metropolitan Tabernacle Pulpit, 55:509.

5   The Sword and the Trowel, 1871, 3:72.

6   Letters of Charles Haddon Spurgeon (Edinburgh: The Banner of Truth Trust, 1992), 47-49.

barata del comentario de Gill para mi hijo Charles... Estos son para su cumpleaños el próximo Viernes, no deben estar muy usados aunque por supuesto, sean de segunda mano."[7]

Estando en el crisol de la aflicción debido al diluvio de críticas en la Controversia de Down-Grade, Spurgeon escribió al co-pastor y a los diáconos del Tabernáculo Metropolitano para animarles en medio de la batalla. Haciendo esto, Spurgeon cita a John Gill como ejemplo de perseverancia en medio de la controversia. Spurgeon escribió:

Menton, Francia, 27 de Noviembre de 1887.

A mi eminente predecesor, Dr. Gill, le fue dicho por cierto miembro de su congregación quien debería haber sabido mejor, que si él publicaba su libro, The Cause of God and Truth, perdería algunos de sus mejores amigos y sus ingresos descenderían. El doctor respondió, "Puedo permitirme el ser pobre pero no puedo permitirme el herir mi conciencia;" y él dejo su manto así también como su silla en nuestra sacristía... Suyo para siempre, C.H. SPURGEON.[8]

La influencia de Gill en el Colegio de Pastores

El aprecio y admiración de Spurgeon por John Gill son corroborados por su charla dada a sus estudiantes de teología del Colegio de Pastores y documentada en Commenting and Commentaries. La aprobación de Spurgeon de Gill como pastor-teólogo es claramente evidente:

Un lugar bien distinguido debe ser dado a DR. GILL. Más allá de toda controversia, Gill fue uno de los Hebraístas más capacitados de sus días y no menos competente en otros asuntos... Su gran trabajo acerca de las Santas Escrituras es grandemente apreciado en estos días por las mejores autori-

---

7   Letters of Charles Haddon Spurgeon, 88.
8   Autobiography, 4:261-262.

dades, lo cual es evidencia contundente de su valor ya que el pensamiento teológico presente es bastante contrario al de Dr. Gill… La corona de laurel de Gill como expositor todavía está verde. Su ultraísmo es desechado pero su aprendizaje es respetado: el mundo y la iglesia cuestionan su dogmatismo, pero ambos se rinden delante de su erudición. Probablemente ningún hombre desde los días de Gill lo ha igualado en absoluto en asunto de aprendizaje Rabínico… Gill fue un maestro entre los Targums, Talmuds, la Mishna y la Gemara…[9]

El humor de Spurgeon es aparente en la siguiente mención que compartió con sus estudiantes sobre su estima por el prolífico trabajo de Gill:

Él estaba siempre trabajando; es muy difícil decir cuando dormía ya que escribió 10.000 páginas de teología. El retrato de él que pertenece a esta iglesia y está colgado en nuestra sacristía privada, de todos los retratos públicos que han sido hechos, este le presenta después de una entrevista con un caballero Arminiano arrugando su nariz de la manera más expresiva como si no pudiese soportar el olor del libre albedrío. En dicha vena escribió su comentario. Caza al Arminianismo a lo largo de todo su comentario. Está lejos de ser tan interesante y legible como Matthew Henry. Expresó sus comentarios a su gente de día de Reposo en día de Reposo, de aquí su peculiar manera de hacer.[10]

Spurgeon valoró el conocimiento teológico de Gill y dijo de él: "para un buen, sano, masivo y sobrio sentido en comentarios ¿quién puede sobrepasar a Gill? Todo y a pesar de dicha admiración, Spurgeon no estaba cegado por ella. Spurgeon de la misma manera advirtió a sus estudiantes,

---

9   C.H. Spurgeon, Commenting and Commentaries (London, 1876; reprint, Edinburgh: The Banner of Truth Trust, 1969), 8.

10 Commenting and Commentaries, 9.

Raras veces se deja llevar por su imaginación excepto aquí y allí cuando trata de interpretar una parábola y encuentra significados en cada circunstancia y mínimo detalle; o cuando trata un texto el cual no congenia con su credo y corta y talla terriblemente para traer la palabra de Dios a un forma más sistemática.[11]

Comentando en el comentario de Gill sobre el Cantar de los Cantares, Spurgeon escribe:

Lo mejor que Gill hizo. No pudo agotar su tema, pero fue tan lejos como pudo para poder hacerlo. En ocasiones es un tanto imaginativo pero su trabajo es precioso. Aquellos que lo rechazan nunca lo han leído o son incapaces de elevados sentimientos espirituales.[12]

El retrato, la silla y el púlpito de Gill fueron guardados por Spurgeon; de hecho, el púlpito fue usado por los estudiantes en el ministerio para mantenerlos, como Spurgeon lo dijo, sanos en su teología.

La apreciación de Spurgeon por los libros de Gill

Spurgeon tuvo gran deleite en obtener fotografías firmadas de autores de los que gozaba en particular. Además, Spurgeon llevaba el registro de eventos especiales en su vida en su colección de libros más preciada. Aquí, es donde puede verse la gran estima de Spurgeon por Gill. Como un joven pastor en Waterbeach, Spurgeon empezó a guardar y adquirir volúmenes de Gill. Esto continúo a medida que Spurgeon ahorraba dinero continuamente para hacer pagos mensuales para así adquirir los comentarios de Gill. Además, podemos ver que Spurgeon tuvo gran deleite en escribir en cada uno de los volúmenes algún evento especial. Esto se mantuvo en su ministerio pastoral desde su juventud en Waterbeach hasta su

---

11 Commenting and Commentaries, 9.
12 Commenting and Commentaries, 113.

años más maduros en el Tabernáculo Metropolitano:

Las siguientes inscripciones de la mano de Mr. Spurgeon, se encuentra en su set de volúmenes del Comentario de Dr. Gill:-

En Vol I – Me he suscrito y he tomado las ediciones mensuales. C.H. Spurgeon, 1852.

Al púlpito de este autor fui capaz de tener éxito en 1854.

C.H. Spurgeon,
Viviendo en Cambridge,
Ministro Bautista de Waterbeach

En Abril, 1854, unánimemente elegido pastor de la Misma Iglesia, que una vez se reunió en Carter Lane, bajo Dr. Gill y después bajo Dr. Rippon, - ahora en Park Street Southwark.

En Vol V. – Me he suscrito a estos vols. de Gill de ediciones mensuales y los he encuadernado. Diciembre, 1852.

En Vol VI. – Muchos desprecian a Gill, pero no es para ser despreciado. En algunos aspectos no tiene quien lo supere. Siempre vale la pena de consultar, C.H.S. 1886.[13]

En resumen, más allá de toda duda, Spurgeon estimó de por vida la astuta mente teológica de Gill y aún más, Spurgeon estimó la convicción de Gill de que hay una clara correlación entre la espiritualidad y el éxito ministerial.

---

13   Autobiography, 1:254-255.

Andrew Fuller
(1754-1815)

6

Vida, ministerio y espiritualidad de Andrew Fuller

La influencia de Andrew Fuller

El bosquejo de la vida y ministerio de Andrew Fuller (1754-1815) introduce a un hombre cuyos escritos teológicos y su espiritualidad personal influenciarían en gran manera la vida y ministerio de Charles Spurgeon, así como la de incontables Bautistas hasta el día de hoy. Además de los escritos de John Bunyan y John Gill, las convicciones de Spurgeon en cuanto a la espiritualidad en el ministerio también tiene sus raíces en Andrew Fuller.

Los primeros años y conversión de Fuller

Andrew Fuller nació el 6 de Febrero de 1754, hijo de Robert Fuller (1723-1781) y su esposa Philippa Guton (1726-1816). Ambos padres fueron Bautistas por convicción y provenían de familias Disidentes. Aunque Andrew Fuller creció en un hogar Cristiano y atendió fielmente a la iglesia, Fuller no había escuchado una articulación fiel del evangelio ya que el híper-Calvinismo estaba a la orden del día.

Esto impidió el entendimiento de la gracia de Dios por parte de Fuller. Estaba convencido de que no tenía las cualificaciones necesarias para acudir a Cristo. Sin embargo, siendo un joven de quince años, en 1769 experimentó la conversión. A continuación es su descripción de ese maravilloso evento:

> Yo debo – Confiaré – sí, confiaré mi alma – mi pecadora – perdida alma en sus manos. Si perezco, perezco. Sin embargo, estaba determinado en entregarme a Cristo pensando que el salvaría mi alma…y cuanto más y más los ojos de mi mente estaban fijos en él, mi culpa y temores fueron gradualmente e insensiblemente removidos…Yo ahora he encontrado descanso para mi alma cargada. Cuando pensé en el evangelio como el camino de salvación, lo bebí como el agua fría es bebida por el hombre sediento. Mi corazón se sintió uno con Cristo y muerto a cualquier otro objeto alrededor mío… Ahora supe en experiencia propia lo que era estar muerto al mundo por la cruz de Cristo.[1]

Fuller fue bautizado el año siguiente en Soham Baptist Church en Cambridgeshire. Aunque solamente había recibido la educación primaria, Fuller estuvo muy interesado en los debates teológicos y corrientes de su tiempo. Leyó de manera amplia, tomando de Bunyan, el Puritano John Owen (en algunas ocasiones llamado "el Calvino de Inglaterra"), John Gill y Jonathan Edwards (1703-1758), probablemente el más grande de los teólogos del siglo dieciocho. En 1775, Andrew Fuller fue ordenado y sirvió como pastor de la Iglesia Bautista de Soham hasta el 1782 cuando se movió a la Iglesia Bautista de Kettering.

La predicación de Fuller

En la lectura de sus sermones, uno no puede fallar en ver que Andrew Fuller fue un cuidadoso expositor de la Palabra de Dios. Fue

---

1   John Ryland, The Work of Faith, the Labour of Love and the Patience of Hope, Illustrated; in the Life and Death of the Reverend Andrew Fuller (London: Button and Son, 1816), 20-21, 29-30.

diligente y habilidoso a medida que hacía la exégesis del texto y con gran maestría inculcó la verdad que da vida en las mentes y los corazones de sus oyentes. Por ejemplo, declaró en su sermón "Predicando a Cristo" que es esencial predicar a Cristo claramente y sinceramente, así también como llamar a todo el mundo a vivir piadosamente en la presencia de Cristo:

Predica a Cristo, o hubiese sido mejor para ti el ser otra cosa que un predicador. La necesidad impuesta sobre Pablo, no era solamente predicar, sino predicar a Cristo. "Ay de mi si no predico el evangelio..." Algunos están contratados para despreciar a Cristo. Pero ¿lo honras tú a él? Algunos hablan mucho acerca de él pero no lo predican y por su conducta habitual demuestran ellos mismos ser enemigos de la cruz...Si predicas a Cristo, no te preocupes por carencias. Su persona y obra son ricos en plenitud. Cada atributo divino es visto en él. Todos los tipos le prefiguran. Las profecías apuntan a él. Cada verdad tiene relación con él. La ley misma debe ser explicada e impuesta de tal manera que conduzca a él.[2]

Fuller el defensor de la verdad

El autor Gales, David Phillips reconoció a Fuller como el teólogo Bautista destacado de su tiempo (el siglo dieciocho) describiéndole cariñosamente como el "Elefante de Kettering."[3] Fuller verdaderamente fue un gran defensor de la verdad. A lo largo de toda su vida, batalló fielmente en contra de la heterodoxia[4] de una manera audaz pero con gracia. Podemos sentir su pasión por la verdad en su mensaje "La Naturaleza del Evangelio y la Manera en cómo debe ser Predicado." Fuller declara:

---

2   Andrew Gunton Fuller, ed., The Complete Works of the Rev. Andrew Fuller, 5 vols. (London: Holdsworth and Ball, 1831), 4:481.

3   David Phillips, Memoir of the Life, Labors, and Extensive Usefulness of the Rev. Christmas Evans (New York: M.W. Dodd, 1843), 74.

4   Lo que se aparta de unas creencias aceptadas y standards; algo que no es ortodoxo pero que no es lo suficientemente diferente como para ser llamado herejía.

Aquel que tiene temor o se avergüenza de predicar todo el evangelio con todas sus implicaciones y cargas, que se haga a un lado: es completamente indigno de ser un soldado de Jesucristo. Algunas veces si predicas toda la verdad, puede ser que seas reprochado como insano y heterodoxo. Pero no debes ceder al clamor popular. Si tienes toda la verdad de tu lado, mantente firme contra toda oposición.[5]

Muchos de los numerosos escritos de Fuller fueron diseñados para combatir la heterodoxia de su tiempo. Su magnum opus, The Gospel Worthy of All Acceptation (1785) defendió inequívocamente la verdad bíblica de que no existe contradicción entre la elección y la responsabilidad humana.

Un segundo ejemplo de tales escritos polémicos es el tratado de Fuller en contra del Socianismo. En una serie de quince cartas, Fuller expone la herejía y destructiva naturaleza de las principales doctrinas Socianas, el rechazo de la deidad de Cristo y de su sacrifico para perdón de pecados.[6]

El apoyo de Fuller a las misiones

La pasión de Andrew Fuller por las almas es evidente en su participación en la formación de una reunión de oración mensual dedicada a buscar un avivamiento y la conversión de pecadores alrededor del mundo. Fue a partir de dicha reunión de oración que la Asociación Bautista Misionera nació. Fuller fue su secretario desde 1793 hasta su muerte en 1815. Fuller buscó fielmente levantar fondos para el soporte de William Carey (1761-1834) en la India, su primer misionero y amigo cercano de Andrew Fuller. Fuller fue incasable en la promoción de la Sociedad Misionera, viajó de manera extensa a lo largo de Inglaterra, Escocia, Gales y una vez a Irlanda buscando levantar soporte. Humanamente hablando, sin Andrew Fuller no hubiese habido William Carey.

Thomas J. Nettles señala:

---

5   Fuller, Complete Works of Andrew Fuller, 3:470.
6   Fuller, Complete Works of Andrew Fuller, 2:211.

Andrew Fuller no solamente defendió la causa de misiones al extranjero, sino que de manera fuerte defendió las Doctrinas de la Gracia. El movimiento moderno de las misiones al extranjero fue fundado sobre el cabal compromiso a la absoluta soberanía de Dios, asociada con la inflexible insistencia sobre la completa responsabilidad humana.[7]

La espiritualidad personal de Fuller

Andrew Fuller se esforzó sinceramente para vivir una vida piadosa. Fue tenaz en su creencia de que no es tanto el uso de los talentos lo que determina nuestro galardón eterno sino nuestra espiritualidad. Predicando sobre "La Doctrina Cristiana de los Galardones," Fuller declara, "El galardón prometido en el Evangelio no será tanto de acuerdo a los talentos que poseemos y al uso que hacemos de ellos; ó tanto con respecto de nuestro éxito, sino más bien en relación a nuestra fidelidad."[8]

Para poder entender sus luchas internas en relación a vivir una vida piadosa, debemos prestar atención a aquellas entradas en su diario las cuales se relacionan con su trabajo ministerial. Tal como escribió en 1780, anheló ser un siervo de Dios: "Anhelo esta noche en oración ser más útil. ¡O que Dios hiciera algo por mí! Esto no es, así creo, nacido de la ambición sino de un deseo puro de trabajar para Dios y del beneficio de mis compañeros pecadores."[9] Luchando con su propia espiritualidad personal y ligado al éxito de su ministerio, Fuller escribió el 4 de Febrero de 1781, "Algún placer en predicar...pero temo que mi ministerio nunca será de mucho uso. Temo que un peso muerto de distracción y estupor carnal en mi siempre será un obstáculo para ser útil."[10] Fuller estaba siempre consciente de la gravedad de predicar y de cómo esto impactó su propia alma. Fuller señaló:

---

7   Thomas J. Nettles, By His Grace and For His Glory (Grand Rapids: Baker Book House, 1986), 129.

8   Fuller, Complete Works of Andrew Fuller, 4:91.

9   Ryland, The Work of Faith, 131.

10   Ryland, The Works of Faith, 134.

5 Febrero de 1781: ¡Un púlpito parece un sitio terrible! Una oportunidad para dirigirse a una compañía de inmortales en sus intereses eternos - ¡O cuán importante! Predicamos para la eternidad. En cierto sentido estamos puestos para el levantamiento o la caída de muchos en Israel y nuestro propio levantamiento o caída están también envueltos en ello.[11]

La familia de Fuller

Fuller fue familiar con luchas personales. Se casó el 23 de Diciembre de 1776 con Sarah Gardiner (1756-1792). Tuvieron once hijos de los cuales siete murieron en su infancia. Cuando Sarah también murió después de dieciséis años de matrimonio, Fuller se volvió a casar dos años más tarde Su segunda esposa, Ann Coles (1763-1825), dio a luz seis hijos de los cuales tres murieron en su infancia. Poder leer en su diario como obtuvo consolación de Dios en esos días oscuros y profundos es un ánimo poderoso. La fe de Fuller nunca flaqueó seriamente y su corazón nunca guardó rencor a la providencia de Dios, incluso cuando se sentó todas las noches observando las últimas horas de su hija Ann, su bebé de veinte meses. En la mañana, su esposa encontró un poema escrito de su propia mano glorificando a Dios:

O nuestro Redentor, nuestro Dios y nuestra ayuda
    En la tribulación – escucha nuestra oración ferviente
A TI resignamos ahora la sagrada confianza...

En TI un refugio en la muerte pueda ella encontrar,
    Y en tu seno morar cuando arrancada de nosotros
En tus manos su espíritu encomendamos,
    En esperanza anhelamos reunirnos y
nunca más separarnos.[12]

Cuando su hijo mayor, Robert, se mostró inestable y se apartó

---

11   Ryland, The Works of Faith, 134.
12   Ryland, The Works of Faith, 474.

de la vida debido a numerosos fracasos en las ocupaciones, lo más entristecedor para Fuller fue que él no tenía una clara profesión de fe en Cristo. Sin embargo, el amor de Fuller nunca flaqueó. Como padre, rogó a Dios por el alma de su hijo, día tras día y año tras año. El joven murió el 1 de Marzo de 1809 después de una enfermedad prolongada.[13] Algún tiempo después, Fuller recibió confirmación de que Dios había respondido a sus oraciones y que su hijo confió en Cristo en sus últimos días de su vida.

Su segunda esposa, Ann, escribió con respecto al carácter de su marido: "Debo testificar haber sido, desde que tuve la felicidad de haber sido unida a él, el más amable y entrañable."[14] Expresando su preocupación por las largas horas de trabajo, su esposa señala su respuesta, "Ah, querida mía, la manera para nosotros de tener algún gozo, es regocijarse en toda nuestra labor, entonces tendremos gran cantidad de gozo."[15] Fuller nunca gastó tiempo o energía en cosas triviales. Su deleite era hablar con sus amigos cercanos de Cristo o de asuntos teológicos. Su esposa una vez señaló de él, "tiene un corazón formado para los más tierno, la más sincera amistad con aquellos que sus mentes congenian con la suya y que están comprometidos en búsquedas similares."[16]

Su amor por Dios se evidencia de una manera clara no solamente en sus grandes trabajos multifacéticos, sino también en su lecho de muerte:

En el día del Señor, mañana en la que murió, 7 de Marzo de 1815, él dijo a su hija Sarah, "desearía que tuviese las fuerzas suficientes..." ella preguntó, "¿para hacer qué?" él respondió, "para adorar hija."[17]

Hablando en el funeral de Fuller, su confidente y amigo, John Ryland (1753-1825) resumió el amor y la devoción de Fuller por

---

13   Ryland, The Works of Faith, 483.
14   Ryland, The Works of Faith, 475.
15   Ryland, The Works of Faith, 475.
16   Ryland, The Works of Faith, 476.
17   Ryland, The Works of Faith, 550.

Dios. Ryland dijo:

> Él ciertamente hizo más por Dios que muchos hombres buenos podrían haber afectado en una vida de más de veinte años. Mientras otros admiraban su celo y actividad, él mantuvo un cuidado cercano sobre su corazón y estuvo perpetuamente aplicándose a sí mismo la pregunta Divina - ¿me lo hicisteis a mí? Nadie que lo conoció podría dudar la simpleza y pureza de su intención...Aunque consciente de la integridad (de la cual nunca vi evidencia más fuerte en ningún otro hombre), todo y así también fue consciente de numerosos defectos en él y se lanzó en los brazos de su omnipotente Salvador y murió como hubiese deseado vivir por tiempo — *buscando por la misericordia de nuestro Señor Jesucristo para vida eterna.*[18]

El éxito ministerial demanda espiritualidad personal

Como un altamente respetado y estimado ministro Bautista, Andrew Fuller fue a menudo llamado a predicar en servicios de ordenación. Es aquí, más en ningún otro sitio donde observamos la inquebrantable convicción de Fuller de que el éxito ministerial encuentra su antecedente en la espiritualidad personal del ministro.

Particularmente remarcable es la instrucción dada al Rev. Robert Fawkner en su servicio de ordenación en Thorn, Bedfordshire, el 31 de Octubre de 1787. Fuller escogió Hechos 11:24 como su texto: "porque era varón bueno, y lleno del Espíritu Santo y de fe. Y una gran multitud fue agregada al Señor." Fuller tituló el mensaje "Las Calificaciones y Ánimo de un Ministro Fiel Ilustrado por el Carácter y Éxito de Bernabé."[19]

El énfasis de su sermón es que el éxito ministerial está directamente asociado a la espiritualidad personal. Por lo tanto, si el ministro desea sinceramente la bendición de Dios en sus trabajos, el

---

18   Ryland, The Works of Faith, 581-582.

19   "The Qualifications and Encouragement of a Faithful Minister Illustrated by the Character and Success of Barnabas," en Fuller, Complete Works of Andrew Fuller, 4:25-39.

ministro debe de honestamente buscar la espiritualidad personal – incluso por encima del desarrollo de los dones espirituales. Fuller expone el texto buscando demostrar, a partir de la vida de Bernabé y otros ejemplos bíblicos así como de la historia de la iglesia, que la máxima en el éxito ministerial esta interrelacionada y entretejida con la espiritualidad en el ministerio. Examinaremos el presente sermón de ordenación ya que es central para poder ver dicha convicción mantenida por Fuller.

Primero, Fuller exhortó a Robert Fawkner a buscar la bondad emulada por Bernabé.

> Como amó a Cristo así también amó a su gente. Parece haber poseído mucha de la ternura y sentimiento por lo cual fue llamado Bernabé – hijo de consolación...Si describiéramos a alguien que brilla en espiritualidad, mansedumbre y amabilidad más de lo común, no sabríamos como hablar de él más que poder decir, con cierto grado de énfasis, él es un buen hombre. Aspirar diariamente tras esta eminencia en bondad, hermano, pueda ser tu preocupación y mía.[20]

Fuller siguió exhortando a Fawkner a cultivar un buen carácter en cada faceta de su vida:

> Mi querido hermano, valora el carácter de un buen hombre en todas las partes de tu trabajo; por encima de todo en aquellas cosas que el mundo considera grandes y estimables...Valóralo en el hogar y en la familia...Valora este carácter en tus retiros privados. Dedícate a la Palabra de Dios y a la oración... Valóralo en el ejercicio público... Valóralo en el tenor general de tu comportamiento.[21]

Fuller mantuvo que sin una espiritualidad piadosa el mensaje del evangelio no traería éxito, incluso si el predicador está eminentemente dotado:

---

20   Fuller, Complete Works of Andrew Fuller, 4:26-27
21   Fuller, Complete Works of Andrew Fuller, 4:29.

Cultiva un temperamento manso, modesto, pacífico y amigable... sé compasivo, sé cortés. Es esto, mi hermano, lo que recomendará al evangelio que proclamas. Sin esto, podrías predicar con la elocuencia de un ángel pero puedes esperar que ningún bien sea la respuesta.[22]

En un mundo el cual esta cautivado por los dones más que por espiritualidad personal, Fuller tiene mucho que decir a nuestra generación:

Si mejoramos en dones y no en gracia en lo más mínimo, será inútil y quizás peligroso para ambos, nosotros mismos y los otros. Mejorar los dones de tal manera que podamos ser mejores para llevar a cabo nuestro trabajo, es loable; pero si es por el simple hecho del aplauso popular, podemos esperar que sea un fracaso. Cientos de ministros han sido arruinados por satisfacer el ansia por el carácter del *gran* hombre, mientras que ellos han descuidado el carácter mucho más superior del *buen* hombre.[23]

En el punto final de su sermón, Fuller lleva a casa con gran pasión, la idea que el éxito ministerial es contingente a la espiritualidad personal. Exponiendo la frase "y una gran multitud fue agregada al Señor," Fuller afirmó que la bendición de Dios sobre Bernabé fue contingente a la espiritualidad personal de Bernabé. Fuller comenta:

La conexión entre tal añadidura y la eminencia en gracia y santidad en un ministro, merece nuestra seria atención. Creo que puede ser establecido como regla, y ambas, la Escritura y la experiencia lo confirmarán, que la espiritualidad eminente en un ministro normalmente es atendida con una utilidad eminente... Nuestra carencia de utilidad normalmente es adscrita a nuestra carencia de espiritualidad mucho más que a

---

22   Fuller, Complete Works of Andrew Fuller, 4:29.
23   Fuller, Complete Works of Andrew Fuller, 4:30.

nuestra carencia de talentos. Dios frecuentemente ha sido conocido por dar éxito a hombres de habilidades inferiores cuando ellos han sido eminentes por su santidad, mientras que a arruinado a otros con talentos mucho más superiores cuando dicha cualidad ha faltado. Cientos de ministros quienes prometían ser personajes brillantes por sus dones, han resultado todo lo contrario: y todo debido a tales cosas como orgullo, falta de vigilancia, carnalidad y ligereza.[24]

Fuller exponer de manera más completa este último punto con tres sub-puntos en la sección final de su sermón:

Eminencia en gracia, mi hermano, contribuirá a tu éxito en tres maneras:-
1 *Encenderá tu alma con el amor santo para Cristo y para las almas de los hombres*; y tal espíritu es normalmente atendido con el éxito. Creo que encontrarás esto en casi todas las grandes obras que Dios ha traído en cualquier periodo de tiempo, él ha honrado hombres con tal carácter por medio de hacerlos sus instrumentos. 2. Eminencia en gracia *dirigirá tus goles para la gloria de Dios y el bien estar de las almas de los hombres*; y donde este sea el caso, normalmente es atendido con bendición. 3. Eminencia en gracia te capacitará *para sobrellevar prosperidad en tu ministerio sin ser enaltecido con ella; y por lo tanto contribuir a ella.*[25]

Fuller subraya la relación de la espiritualidad con el éxito ministerial citando un número de personajes bíblicos, Amos, Esdras y Nehemías. Fuller concluye este último punto con un breve estudio de la historia de la iglesia:

Tiempo me faltaría para hablar de todas las grandes almas, inspiradas y sin inspiración, quienes el Rey de reyes se ha deleitado en honrar; de Pablo, Pedro y sus compañeros; de

---

24   Fuller, Complete Works of Andrew Fuller, 4:36-37.
25   Fuller, Complete Works of Andrew Fuller, 4:37-38.

Wickliff [i.e. John Wycliffe], Lutero, Calvino y muchos otros durante la Reforma; de [John] Elliot, Edwards, Brainerd, Whitefield y cientos más cuyos nombres son tenidos en estima en la Iglesia de Dios. Estos fueron hombres de Dios; hombres que tuvieron tanto una gran gracia como grandes dones; cuyos corazones ardieron en amor por Cristo y por las almas de los hombres. Miraron a sus oyentes como su Señor miró a Jerusalén y lloraron por ellos. De esta manera ellos entregaron sus mensajes; "y una gran multitud fue añadida al Señor."[26]

Según Fuller, la falta de espiritualidad es una barrera a la bendición de Dios, ya que pervierte la bendición de Dios en una ocasión para el orgullo pecaminoso y la ambición egoísta. Fuller advierte severamente, "pero si buscamos fines separados y egoístas, caminamos contrarios a Dios y podemos esperar que Dios camine contrario a nosotros."[27]

Fuller estaba convencido de que Dios puede no escoger bendecir porque nosotros no tenemos la gracia para sobrellevarlo. Fuller comenta, "A menudo tengo el temor y esto debería ser una razón considerable del porque muchos de nosotros no tenemos más éxito real en nuestro trabajo del que ya tenemos; de que quizás no es seguro para nosotros ser acreditados con mucho de lo de Dios; quizás no tenemos suficiente gracia para sobrellevar la prosperidad."[28]

La falta de espiritualidad lleva al fracaso en el ministerio

Como hemos visto, Fuller une de manera definitiva la espiritualidad en el ministerio con el éxito ministerial. Por lo tanto, en su mente lo contrario también es cierto: falta de espiritualidad resulta en fracaso ministerial. Esto está establecido en un sermón predicado por Fuller y titulado, "La Naturaleza del Evangelio y la Manera en cómo

---

26   Fuller, Complete Works of Andrew Fuller, 4:37-38.

27   Fuller, Complete Works of Andrew Fuller, 4:38.

28   Fuller, Complete Works of Andrew Fuller, 4:38.

debe de ser Predicado."[29] Fuller urge a sus compañeros ministros a vivir una vida piadosa sino ellos no podrán predicar el evangelio correctamente. Fuller determina:

> ¡O! Si predicamos el evangelio como debe ser predicado, ¡que fidelidad es requerida! Debes, mi hermano, alinearte con Dios en contra de este mundo impío... - debes ser fiel.[30]

Fuller expuso esta necesidad. Señaló que los resultados de la falta de espiritualidad no solamente serán un fracaso en el ministerio sino las más serias de las consecuencias: Advirtió contra la falta de espiritualidad y sinceridad cuando declaró:

> Considera los ejemplos dados para vuestra advertencia. – Algunos se han hundido en la indolencia e indulgencia; criticando y murmurando en lugar de predicar de casa en casa; y ha sido el fin para ellos. Algunos se han levantado en orgullo e insolencia sacerdotal y ha sido el fin para ellos. Algunos han sido tacaños con la verdad y Dios los ha entregado al error destructivo. Otros se han hundido en especulaciones políticas las cuales han consumido toda su religión; aspirando gobernar el mundo, ellos han perdido el gobierno de sus propias almas y de su peculiar llamado... Mi hermano, sé fiel y recibirás la corona. ¡Si no lo eres, entonces la eterna maldición de Dios espera por ti![31]

Conclusión

Leyendo la vida, sermones, diario y cartas de Andrew Fuller, uno no puede sino dar gracias a Dios por este "Elefante de Kettering." Andrew Fuller verdaderamente fue un gigante espiritual quien transformó vidas a través de su predicación, quien fortaleció el movimiento evangélico a través de sus escritos y quien impactó al

---

29   "The Nature of the Gospel and the Manner in which it Ought to be Preached" en Fuller, Complete Works of Andrew Fuller, 4:469-472.

30   Fuller, Complete Works of Andrew Fuller, 4:470.

31   Fuller, Complete Works of Andrew Fuller, 4:472.

mundo a través de su incansable soporte a las actividades misioneras. Además, aprendemos de Andrew Fuller que el éxito ministerial encuentra su antecedente en la espiritualidad personal. Contrariamente, el fracaso ministerial encuentra su antecedente en la falta de espiritualidad.

Andrew Fuller es un ejemplo multifacético: como pastor amó y se preocupó por su gente; como predicador era expositivo y Cristocéntrico; como teólogo era ortodoxo, minucioso, cálido y práctico; como escritor era bíblico, exegético y audaz; y como un visionario para las misiones, pocos podrían igualar su celo y amor – un verdadero amigo y apoyo para William Carey.

7

La influencia de Fuller en la vida y ministerio de Spurgeon

La admiración de Spurgeon por Andrew Fuller
Spurgeon tuvo una admiración por Andrew Fuller a lo largo de toda su vida y lo consideró "el teólogo más grande"[1] de su siglo.

La influencia de Fuller en el entendimiento teológico de Spurgeon
Como joven, Spurgeon acudió a los escritos de Fuller para ayudar a formar su propio entendimiento espiritual y pensamiento teológico. Por ejemplo, Spurgeon examinó cuidadosamente los escritos de Fuller para comprender los peligros escondidos del Antinomianismo. Spurgeon declaró en su diario el 7 de Abril de 1850 justo antes de cumplir dieciséis años, "Leer algo de 'Fuller y el Antinomianismo.' ¡Mi Dios, que abismo se encuentra cerca de mí! Creo que puedo decir que odio esta religión... [i.e. Antinomianismo]."[2]

---

1   Citado en Gilbert Laws, Andrew Fuller: Pastor, Theologian, Ropeholder (London: Carey Press, 1942), 127.

2   The Early Years, 128. El Antinomianismo es la doctrina que determina que no es necesario para el Cristiano predicar y/u obedecer la ley moral del Antiguo Testamento.

En lo que fueron sus años de formación, Spurgeon también acudió a los escritos de Fuller para ánimo mientras luchaba contra aquellos quienes ridiculizaban el bautismo de creyentes. Spurgeon obtuvo gran consolación del ejemplo de la propia vida y testimonio de Fuller: "Estaba notando," escribió, "cuando leía la vida del buen Andrew Fuller, que después de que hubiese sido bautizado, algunos jóvenes de la ciudad se burlaron de él preguntándole si le había gustado la sumergida...No pude sino notar que la burla de hace cien años es solamente la burla de hoy en día."[3]

Este profundo respeto y admiración por Fuller nunca disminuyó. Veintisiete años más tarde, en Commenting and Commentaries, Spurgeon citó dos de los comentarios bíblicos de Fuller y cálidamente los recomendó a sus lectores. Leyendo el comentario de Fuller sobre el libro de Apocalipsis, un libro apocalíptico difícil, la confianza de Spurgeon en Fuller fue claramente evidente. Spurgeon escribió: "Fuller es demasiado juicioso como para entrar en especulaciones."[4] Comentando sobre el tratamiento que Fuller hace de Génesis, la admiración de Spurgeon no conoció fronteras, Spurgeon afirmó, "juicioso en medida y lleno de la verdad del Evangelio Una de las mejores exposiciones de Génesis."[5]

Una herencia Bautista Calvinista

De la misma manera que una herencia Bautista Calvinista ayudó a afinar la propia espiritualidad y pensamiento teológico de Spurgeon, la devoción de Andrew Fuller por Dios y su teología Calvinista también encontraron su antecedente en John Bunyan y John Gill. Escribiendo a un amigo cercano, Fuller compartió abiertamente que obtuvo gran ayuda tanto de Gill como de Bunyan. Fuller afirmó: "Los escritos principales con los que primeramente estuve familiarizado, fueron los de Bunyan, Gill y [John] Brine. He leído prácticamente todo el Tratado de Divinidad de Gill y he recibido una instrucción considerable de muchas partes del mismo."[6]

---

3   The Early Years, 147.
4   The Early Years, 199.
5   The Early Years, 117.
6   Ryland, The Work of Faith, 58-59.

Fuller, Spurgeon y las doctrinas de la gracia

Es interesante notar que Fuller, debido a su educación hiper-Calvinista, luchó por reconciliar la elección con el libre ofrecimiento del evangelio. Inicialmente cuestionó la teología de Bunyan y la de otros Puritanos del siglo diecisiete, quienes mantuvieron las doctrinas de la gracia y al mismo tiempo la libre y apasionada predicación del evangelio a todo el mundo. Fuller anotó sus propias luchas personales basadas en la lectura de Bunyan y otros autores Puritanos: "Todos ellos se ocupan, como Bunyan hizo, en libres invitaciones a pecadores a venir a Cristo y ser salvos; la coherencia de lo cual no podía entender con la elección personal."[7] Fuller también estaba bien familiarizado con *The Pilgrim's Progress* y otros escritos de Bunyan. Como un ejemplo, mencionó libremente a Bunyan para rebatir teología especulativa.[8] Fuller también trato comentarios y asuntos teológicos que se levantaron con los escritos de Gill.[9] Es claro por lo tanto, que Fuller seguía habitual y diligentemente los escritos de Bunyan y Gill.

En el trabajo de Fuller, *The Gospel Worthy of all Acceptation*, definitivamente Fuller defiende la verdad bíblica de que no hay contradicción alguna entre la elección y la responsabilidad humana. Uno puede mantener tenazmente el Calvinismo y todo y así predicar el evangelio de Cristo a todo el mundo audazmente y de manera inequívoca. Esta batalla para mantener la soberanía de Dios y la responsabilidad humana se desataría entre los Bautistas, no solamente en los días de Fuller, sino también en los días de Spurgeon. Como Fuller, Spurgeon continuamente estaría en la línea de fuego, con los hiper- calvinistas a un lado (especialmente entre los Bautistas Estrictos y Particulares), y los partidarios del Arminianismo (los Bautistas Generales) por el otro lado, cada una de ellos apuntando a Spurgeon cuidadosamente. Spurgeon tuvo mucho que aprender por medio de identificarse con Fuller en la lucha de presentar una teología bíblica balanceada.

---

7   Ryland, The Work of Faith, 59.

8   Ryland, The Work of Faith, 55.

9   Ryland, The Work of Faith, 8, 42, 55.

Conclusión

Si alguien preguntase a Spurgeon quien fue la influencia Bautista más grande en su vida, ministerio y escritos, quizás Spurgeon se volvería con una sonrisa en su cara y diría: "John Gill, el teólogo, ensanchó mi mente; Andrew Fuller, el teólogo completo, elevó y enriqueció mi ministerio; pero John Bunyan, el calderero de Bedford, alentó mi vida y mi alma."

8

El consejo de Spurgeon a sus estudiantes concerniente a la espiritualidad personal

Introducción

C.H. Spurgeon consideró la espiritualidad personal una prioridad vital para los ministros y los estudiantes de ministerio. Como Bunyan, Fuller y Gill antes que él, Spurgeon estaba convencido de que el éxito ministerial encuentra su génesis en la espiritualidad personal.

Para demonstrar la correlación entre la espiritualidad personal y el éxito ministerial, este capítulo se concentra en los discursos presidenciales y las conferencias que Spurgeon dio en el Colegio de Pastores que fundó en 1856 a la edad de veintiún años. Las fuentes principales para esta sección incluyen: An All-Round Ministry, una colección de doce discursos anuales[1] de un total de veintisiete, Lectures to My Students, conferencias dadas por Spurgeon en las aulas del Colegio de Pastores y el discurso final de Spurgeon – posiblemente el mejor – dado en el Colegio de Pastores en Abril de 1891 y titulado La Batallas Más Grande en el Mundo: El Mani-

---

1   Dados en 1872, 1874, 1875, 1877, 1880, 1881, 1882, 1886, 1887, 1888, 1889 y 1890.

festo Final de C.H. Spurgeon. Dicho discurso final fue publicado de manera separada después de su muerte.

El Colegio de Pastores

El Colegio de Pastores comenzó con un estudiante, Thomas W. Medhurst (1834-1917) quién Spurgeon colocó bajo el cuidado de George Rogers (d.1891), un ministro Congregacional. El número de estudiantes creció rápidamente y Rogers fue pronto designado director. En 1861, las clases fueron trasladadas a un nuevo Tabernáculo Metropolitano establecido y localizado en Elephant y Castle al Sur de Londres. En 1874, locales para acomodar el creciente cuerpo de estudiantes fueron abiertos en Temple Street detrás del Tabernáculo Metropolitano. Las residencias de estudiantes eran casas privadas esparcidas a lo largo y ancho. En 1923, el Colegio de Pastores fue trasladado a Falkland Park al sur de Norwood a media milla de donde Spurgeon había residido en "Westwood," ahora una escuela para chicas.[2]

El Colegio de Pastores seleccionó hombres quienes ya habían demostrado éxito en el ministerio del púlpito por un periodo mínimo de dos años. El Colegio articuló la premisa de que no hacía pastores sino más bien potenciaba las habilidades ya existentes de los estudiantes y enriquecía su educación. La premisa de propósito de Spurgeon concerniente al colegio, permanecería su foco a lo largo de toda su vida para preparar predicadores del evangelio de Cristo. Spurgeon enfáticamente declaró, "Si un estudiante aprendiese mil cosas pero fallase en predicar el evangelio de manera aceptable, su curso en el Colegio habría perdido su verdadero diseño."[3] Spurgeon vio la preparación de predicadores del evangelio como una prioridad absoluta así también como la tarea más grande y más gloriosa. Spurgeon señaló:

Ningún trabajo posiblemente puede confirmar un beneficio

---

2   Judy Powles, Forward in Faith: Spurgeon's College in South Norwood (Chelmsford, UK: Simmons Printers, n.d.), 1-9.

3   Spurgeon, Lectures To My Students, 1:iv.

más grande para el ser humano que la preparación de ministros a quienes Dios ha escogido, ya que de ellos brotan iglesias, escuelas y todas las agencias de filosofía y filantropía. Tal y como se nos manda orar por obreros en la mies de Dios, así estamos atados a probar honestamente nuestras oraciones por medio de nuestras acciones.[4]

Contrariamente a opiniones de que Spurgeon vio el púlpito como la principal prioridad en su ministerio, su foco en el colegio fue destacado en su pensamiento. Concerniente al colegio, Spurgeon declaró que era "el trabajo y el placer de la vida – un placer superior incluso a aquel alcanzado por mi éxito ministerial."[5] Biógrafas tales como Iain Murray quien miró a través de los corredores del tiempo, estuvo de acuerdo con el entendimiento de Spurgeon de que el Colegio de Pastores demostró ser su mayor contribución al Cristianismo.[6]

Énfasis en la espiritualidad

Spurgeon era muy cuidadoso en el proceso de selección para el Colegio de Pastores. Spurgeon estresó la necesidad de la espiritualidad personal como un prerrequisito para la admisión. En la descripción detallada del calibre de un estudiante, Spurgeon enfatizó la espiritualidad: "Estos son los hombres a quienes el Colegio de Pastores da la bienvenida. Hombres en quienes se encuentran la espiritualidad, el celo y la presencia del Espíritu."[7] Además del la espiritualidad personal, también se encontraba el don de la proclamación: "[Estudiantes] no deben temer el rechazo en nuestras puertas a causa de pobreza si ellos posen esos dones de proclamación los cuales son esenciales para la predicación."[8] Spurgeon también afirmó que no tenía ninguna intención de producir

---

4   Spurgeon, Lectures To My Students, 1:iv.

5   Citado por Ian H. Murray, "Introduction," en Spurgeon, An All-Round Ministry, i.

6   Ian H. Murray, "Introduction,2 en Spurgeon, An All-Round Ministry, i.

7   Spurgeon, Lectures To My Students, 1:iii-iv.

8   Spurgeon, Lectures To My Students, 1:iv.

eruditos, algo que estaba en aquel entonces al igual que en el presente a la orden del día, sino predicadores del evangelio. Spurgeon declaró,

> El Colegio aspira a la preparación de predicadores más que de eruditos. Para desarrollar la facultad de una comunicación preparada, para ayudarles a entender la palabra de Dios y para promover un espíritu de consagración, coraje y confianza en Dios, ponemos todos los otros asuntos en una posición secundaria ya que estos son objetos de gran importancia.[9]

A diferencia de otros seminarios en los días de Spurgeon los cuales ofrecieron una multiplicidad en sistemas teológicos, Spurgeon sin ninguna vergüenza afirmó que el Colegio de Pastores tenía un foco teológico singular. Spurgeon reconoció,

> Nosotros mantenemos las doctrinas de la gracia y la antigua fe ortodoxa y no simpatizamos con las incontables novedades teológicas del día presente, novedades las cuales solamente en apariencia externa: en substancia ellas son repeticiones de errores que aparecieron hace tiempo. Nuestra posición en asuntos de doctrina es bien conocida y no hacemos ninguna profesión de caridad, pero no encontramos fallo en el número de espíritus honestos que se unen a nuestra posición creyendo que solamente en la verdad puede ser encontrada la verdadera libertad.[10]

Exhortaciones a la espiritualidad para el éxito ministerial

Los siguientes extractos tomados de An All-Round Ministry, verifican la convicción de Spurgeon de que la espiritualidad esta interrelacionada con el éxito ministerial. En su conferencia dada en 1874 en el Colegio de Pastores y titulada "Adelante," Spurgeon confirmó que el éxito ministerial esta directamente ligado a las cualidades

---

9   Spurgeon, Lectures To My Students, 1:iv.
10   Spurgeon, Lectures To My Students, 1:iv.

morales. Tenazmente advirtió a sus ministros, al igual que Bunyan, Gill y Fuller antes que él, que lo contrario también es verdad, esto es, el fracaso moral lleva al fracaso ministerial:

> Deseamos elevarnos al estilo más alto de ministerio; pero aún y si obtenemos las cualificaciones mentales y oratorias, he mencionado que debemos fracasar a menos que también poseamos unas cualificaciones morales elevadas. Hay males que debemos sacudirnos, tal y como Pablo se sacudió a la víbora de su mano, y hay virtudes que debemos ganar a toda costa.[11]

En esta conferencia, Spurgeon citó un número de fracasos morales en el ministerio: indulgencia, importancia propia, pobre control del temperamento de uno y tendencia a la frivolidad.[12] Spurgeon advirtió que sin integridad un ministro puede conseguir bien poco: "aquel que no tiene integridad de espíritu nunca hará mucho para Dios."[13] Para Spurgeon una profunda relación personal con Cristo es el único remedio para el fracaso y la única explicación para el éxito:

> Entre las adquisiciones espirituales, es necesario conocerle a Él, quien es el remedio para toda enfermedad humana, más allá que cualquier otra cosa. Conoce a Jesús. Siéntate a sus pies. Considera Su naturaleza, Su trabajo, Sus sufrimientos y Su gloria. Regocíjate en Su presencia; ten comunión con Él de día en día. Conocer a Cristo es entender la más excelente de las ciencias. No puedes fracasar en ser sabio si tienes comunión con la Sabiduría Encarnada; no puede faltarte fuerza si tienes una comunión constante con Dios. Deja que este sea tu deseo,
>
> Tendré comunión contigo, mi Dios;

---

11   Spurgeon, An All-Round Ministry, 45-46.
12   Spurgeon, An All-Round Ministry, 46.
13   Spurgeon, An All-Round Ministry, 48.

A tu trono acudo;
Dejo mis gozos, dejo mis pecados,
Y busco en Ti mi hogar.

Mora en Dios, hermano, no vayas a Él de vez en cuando sino que permanece en Él.[14]

Spurgeon de manera entusiasta afirmó que la santidad es validada por el éxito ministerial y no el éxito intelectual o el ser dotado de dones:

Si somos conformados a Cristo, obtendremos una maravillosa unción sobre nuestro ministerio; y sin eso ¿de qué vale un ministerio? En una palabra, debemos trabajar en santidad de carácter...Debes tener santidad; y, mi querido hermano, si fracasases en cualificaciones mentales (aunque espero que no sea así), si tuvieses una exigua medida en facultad de comunicación (aunque espero que no sea así) una vida santa, en sí misma, es un poder maravilloso y suple por muchas deficiencias; es de hecho, el mejor sermón que el mejor hombre puede jamás predicar. Resolvamos que toda la pureza que podamos tener, tendremos, que toda la santidad que podamos alcanzar, la alcanzaremos y que toda la imagen de Cristo que es posible en este mundo de pecado, debe ciertamente estar en nosotros mediante el trabajo eficaz del Espíritu de Dios. Que Dios nos levante a todos como Colegio, nos levante hasta la plataforma más alta y que de esta manera el reciba la gloria.[15]

En su conferencia titulada "Individualidad y su Opuesto" y dada en 1875 en el Colegio de Pastores, Spurgeon una vez más enfatiza la necesidad de piedad en la vida del ministro:

---

14 Spurgeon, An All-Round Ministry, 48.
15 Spurgeon, An All-Round Ministry, 53.

Piedad personal debe nunca crecer de manera insuficiente en nosotros. Nuestra propia justificación personal en la justicia de Cristo, nuestra santificación personal por la morada del Espíritu Santo, nuestra unión vital con Cristo y la expectación de gloria en Él, sí, nuestro propio avance en gracia o nuestro propio declive; todo esto debes conocer y considerarlo bien.[16]

De nuevo, en una conferencia dada en 1880 y titulada "Una Nueva Salida," las armas de la espiritualidad y la búsqueda de santidad para combatir los males del día presente, son expuestas por Spurgeon a la audiencia del Colegio de Pastores:

De seguro que nuestra santa comunión en esta hora feliz debería ayudarnos a todos a elevarnos a un nivel mayor. La visión de muchos de nuestros hermanos es animadora y estimulante. Cuando recuerdo a algunos, su santidad, su profunda espiritualidad, su perseverancia, me siento consolado en creer que, si Dios ha fortalecido a otros, Él todavía tiene una bendición reservada para nosotros. Dejemos que esta Fiesta de los Tabernáculos sea el tiempo para renovar nuestros votos de consagración a nuestro Dios y Señor.[17]

Spurgeon exhortó incansablemente a ministros y estudiantes en el ministerio a buscar la verdad, santidad y la gracia Cristiana. Uno puede ver esto claramente en su conferencia titulada "Mayordomos," dada en 1887, donde Spurgeon comenta sobre el peligro del mal manipulador:

Cede en las cosas personales, pero mantente firme donde la verdad y la santidad son importantes. Debemos ser fieles sino incurriremos en pecado y en la pena de Elí. Se honesto con el rico y el que tiene influencia; se firme con el que titubea y el que es inestable; ya que la sangre de ellos será requerida de

---

16   Spurgeon, An All-Round Ministry, 64.
17   Spurgeon, An All-Round Ministry, 154.

El Colegio de Pastores

tus manos. Hermanos, necesitarán toda la sabiduría y la gracia que puedan obtener para cumplir con sus deberes como pastores.[18]

En 1888, la Controversia de Down-Grade estaba en pleno apogeo. Es aquí donde Spurgeon urge a aquellos delante de él, a permanecer firmes y resistir un espíritu comprometedor nos solo en la verdad sino también en la integridad personal:

¿No son las personas importantes consultadas demasiado? ¿No es la posición más valorada que la espiritualidad? ¿No hay suficiente de descarada infidelidad a la verdad y a Cristo a todo riego? Hermanos, queremos gracia para decir, "puedo ser pobre; puedo ser ridículo; puedo ser abusado; pero no puedo ser falso a mi Señor." No hago ninguna referencia personal, pero veo el espíritu comprometedor en cuanto a la santidad y pecado y a la verdad y error demasiado prevalente. El espíritu comprometedor viene no del Espíritu de Dios sino del espíritu de este mundo.[19]

En 1889 la conferencia de Spurgeon, "El Poder del Predicador y las Condiciones para Obtenerlo," podemos ver que su convicción de bendición y poder asociados con el éxito ministerial fluyen no de los dones o talentos sino de un caminar íntimo con Dios. Spurgeon declara:

Por encima de todo, queridos amigos, si quieren ser bendecidos por Dios, mantengan una comunión constante con Dios... Si siempre caminamos con Dios, y actuamos hacia Él como los hijos actúan hacia un padre amoroso, de tal manera que el espíritu de adopción esta siempre con nosotros y el espíritu de amor siempre fluye de nosotros, debemos predicar con poder y Dios bendecirá nuestro ministerio: ya

---

18 Spurgeon, An All-Round Ministry, 277.
19 Spurgeon, An All Round Ministry, 291.

que entonces debemos conocer y proclamar la mente de Dios. Debo añadir aquí que, si tenemos que gozar del poder de Dios, debemos manifestar una gran santidad en la vida… Pero debemos tener santidad en un alto grado. Una manera de vida sin santidad ¿cómo Dios puede bendecirla?[20]

No hay duda que en la mente y corazón de Spurgeon la espiritualidad en el ministerio es esencial para el poder y la bendición en el ministerio. Comprensiblemente este fue el continuo clamor a los ministros.

Discursos a mis estudiantes

Los siguientes extractos están tomados de Lectures to My Students dados a los estudiantes del Colegio de Pastores.

En su primer discurso, "El Cuidado Propio del Ministro," basado en "Ten cuidado de ti mismo y de la doctrina" (1 Timoteo 4:16), Spurgeon grabó sobre sus estudiantes que agencias y ministerios son inútiles si el cuidado de la espiritualidad personal es ignorado. Solemnemente declaró,

Será para mí en vano almacenar mi biblioteca, organizar sociedades, o establecer proyectos, si desatiendo la cultura de mi propia persona; los libros, agencias y sistemas, solamente son los instrumentos de mi santo llamado; mi propio espíritu, alma y cuerpo son la maquinaria más cercana para el santo servicio; mis facultades espirituales y mi vida interior, son el hacha de batalla y las armas de guerra.[21]

Spurgeon estresa la necesidad de la espiritualidad del ministro citando del bien conocido predicador escocés, Robert Murray McCheyne (1813-1843):

M'Cheyne, escribiendo a un amigo en el ministerio quien

---

20   Spurgeon, An All-Round Ministry, 350.
21   Spurgeon, Lectures To My Students, 1:2.

estaba viajando con el objetivo de perfeccionar su Alemán, usó lenguaje idéntico al nuestro: -"Sé que te esforzarás duramente con el Alemán, pero no olvides la cultura del hombre interior- quiero decir, del corazón. Cuán diligentemente el ministro del calvario mantiene su sable limpio y afilado; él limpia cada mancha con el máximo cuidado. Recuerda que tú eres la espada de Dios, su instrumento – yo creo, un vaso escogido para proclamar su nombre. En gran manera, de acuerdo a la pureza y perfección del instrumento será el éxito. No son tanto los grandes talentos que Dios bendice sino la semejanza a Jesús. Un ministro santo es un arma terrible en la mano de Dios."[22]

Spurgeon insistió que una vida santa es una vida atractiva y atrae hombres a Cristo como un imán. Todos los ministros, según Spurgeon, que anhelan almas, deben destacar en la búsqueda de la espiritualidad. Deben ser hombres de Dios, hombres según el corazón de Dios, hombres que buscan solamente la gloria de Dios.

En otro discurso, Spurgeon se centró en la espiritualidad en la oración. En su discurso titulado "La Oración Privada del Predicador," Spurgeon enfatiza la necesidad de una vida devota a la oración. La oración, según Spurgeon, es esencial para una predicación poderosa y de éxito. Spurgeon declaró, "la oración te asistirá de una manera singular en la predicación de tu sermón; de hecho, nada puede prepararte tan gloriosamente para predicar descendiendo fresco de la montaña de la comunión con Dios para hablar al ser humano."[23] Lo contrario es también cierto. Un ministro que descuida la espiritualidad de la oración es seguro que fracasará. Spurgeon advirtió a sus estudiantes,

Si como ministros no son hombres de mucha oración, son dignos de conmiseración. Si en el futuro son llamados a sus-

---

22 Spurgeon, Lectures To My Students, 1:2.

23 Spurgeon, Lectures To My Students, 1:43.

tentar pastorados, grandes o pequeños, si se relajan en la devoción en lo secreto, no solo necesitaran ser compadecidos sino también vuestra gente, además de esto, debes ser culpado y el día viene en que deberás ser avergonzado y confundido.[24]

Spurgeon cita a David Brainerd (1718-1747) como ejemplo de espiritualidad en la oración y éxito ministerial. Spurgeon afirmó, "Podría alguien preguntarse en relación al éxito de Brainerd cuando su diario contiene notas tales como esta: Día del Señor, 25 de Abril – Esta mañana he pasado alrededor de dos oras en deberes sagrados y fui capacitado para agonizar por las almas más de lo normal; aunque era temprano en la mañana y el sol apenas brillaba, mi cuerpo esta empapado de sudor."[25]

De nuevo, Spurgeon cita a Martín Lutero (1483-1546) un hombre cuya vida de oración fue la razón clave para su éxito ministerial. Spurgeon grabo en sus estudiantes, "El secreto del poder de Lutero radica en la misma dirección." Spurgeon señala que alguien escuchó la intima comunión de Lutero con Dios y declaró, "Le escuché en oración, pero, ¡Dios mío con que vida y espíritu oró! Era con tanta reverencia como si estuviese hablando a Dios pero al mismo tiempo con tanta confianza como si estuviese hablando a un amigo." Spurgeon concluyó, "Mis hermanos, déjenme que les ruegue que sean hombres de oración. Hay grandes talentos que puede ser que nunca lleguen a tener, pero lo harán suficientemente bien sin ellos si abundan en intercesión."[26]

En otra conferencia titulada "El Espíritu Santo en Conexión con Nuestro Ministerio," Spurgeon señala que el pecado contrista al Espíritu Santo y por lo tanto impide el éxito ministerial: "No podemos esperar que Dios bendiga un ministerio el cual nunca debe de haber sido ejercido, y ciertamente un ministerio falto de gracia es de ese carácter."[27]

---

24 Spurgeon, Lectures To My Students, 1:41.
25 Spurgeon, Lectures To My Students, 1:45.
26 Spurgeon, Lectures To My Students, 1:45.
27 Spurgeon, Lectures To My Students, 2:19.

La batalla más grande en el mundo

La Batalla Más Grande en el Mundo: El Manifesto Final de C.H. Spurgeon fue el último discurso inaugural que Spurgeon dio en la Conferencia del Colegio de Pastores en Abril de 1891. Su tema fue "la buena batalla de la fe" basado en 1 Timoteo 6:12. Spurgeon exhortó a los ministros y estudiantes a hacerlo lo mejor posible en el servicio a su Rey. Publicado después de la muerte de Spurgeon, sin duda, es reconocido como uno de los discursos más poderosos que jamás fueron dados por Spurgeon. Aquí, de una manera inequívoca, vemos la inquebrantable convicción de Spurgeon de que la santidad se encuentra en la raíz del evangelio, su proclamación y su éxito final. Spurgeon declaró firmemente: "La verdadera raíz de la santidad se encuentra en el evangelio de nuestro Señor Jesucristo."[28] Spurgeon afirma que las doctrinas de la gracia producen espiritualidad: "Hemos visto una moralidad excelente, una integridad severa y una pureza delicada y lo que es más, hemos visto una santidad devota producida por las doctrinas de la gracia."[29]

Como Bunyan, Spurgeon estaba convencido de que los ministros deben cultivar la espiritualidad personal a través del estudio en oración de la Palabra de Dios. Spurgeon creía que esto no solamente era un acto de devoción sino que era un acto de gracia transformadora. "El estudio en oración de la Palabra no solamente es un medio de instrucción sino que es un acto de devoción donde el poder transformador de la gracia es a menudo ejercitado, transformándonos a su imagen cuya Palabra es un espejo."[30] Spurgeon insistió que el estudio de la Palabra de Dios debe ser hecho con corazón abierto. Spurgeon cita como ejemplos a los gigantes evangélicos de la antigüedad. Spurgeon declaró:

> ¿Hay alguna cosa, después de todo, como la Palabra de Dios cuando los libros abiertos encuentran corazones abiertos? Cuando leo la vida de hombres como Baxter, Brainerd, Mc-

---

28   C.H. Spurgeon, The Greatest Fight in the World: C.H. Spurgeon's Final Manifesto (1891; reprint, Albany: Ages Software, 1998), 9.

29   Spurgeon, The Greatest Fight in the World, 9.

30   Spurgeon, The Greatest Fight in the World, 12.

Cheyne y muchos otros, me siento como uno que se ha dado un baño en algún frío arroyo después de haber viajado a lo largo de un país negro el cual le dejo todo lleno de polvo y deprimido.[31]

Una vida bañada en la Escritura se convierte en un testimonio vivo. De nuevo, Spurgeon enfatiza la Palabra para el cultivo de la espiritualidad y grabó en sus estudiantes y ministros, "...tales hombres encarnaron la Escritura en sus propias vidas y la ilustraron en su propia experiencia. El bautismo por la Escritura es lo que tuvieron y lo que nosotros necesitamos."[32]

Spurgeon no vio solamente la Palabra de Dios moldeando la espiritualidad de los ministros sino que también el rol importante de la iglesia en oración. Spurgeon declaró, "Si una iglesia ha de ser lo que debe ser para el propósito de Dios, debemos formarla en el sagrado arte de la oración."[33] De hecho, Spurgeon atribuyó el éxito del evangelio directamente a las reuniones de oración. Lo contrario también es verdad; la carencia de poder en el ministerio a menudo encuentra su antecedente en la carencia de oración en la iglesia. Spurgeon tocó la alarma cuando declaró, "Iglesias sin reuniones de oración son dolorosamente comunes... En muchas iglesias la reunión de oración es solamente el esqueleto de una reunión: la forma es mantenida por la gente no asiste."[34] Spurgeon instó a ministros y estudiantes a preparar a su gente para orar fervientemente: "¡O, mis hermanos, que no sea así con ustedes! Preparar a la gente para que se reúnan continuamente para orar. Despertarlos a suplicas incesantes." Spurgeon declaró inequívocamente, "Creedme, si la iglesia no ora, está muerta. En lugar de poner la oración comunitaria en último lugar ponedla en primer lugar. Todo girará en torno al poder de la oración en la iglesia."[35]

Spurgeon vio la necesidad esencial de la iglesia de reproducirse.

---

31   Spurgeon, The Greatest Fight in the World, 12.
32   Spurgeon, The Greatest Fight in the World, 12.
33   Spurgeon, The Greatest Fight in the World, 28.
34   Spurgeon, The Greatest Fight in the World, 28.
35   Spurgeon, The Greatest Fight in the World, 29.

En relación a ello, Spurgeon enumera las características de una iglesia sana y vibrante no en relación al tamaño sino a su espiritualidad. De nuevo, enfatiza la espiritualidad personal: "Hermanos, queremos iglesias que producen santos; hombres de fe poderosa y oración continua; hombres de vidas santas y entrega consagrada, hombres llenos del Espíritu Santo."[36] En el pensamiento de Spurgeon, la espiritualidad verdadera debía de ser el fundamento de todas las iglesias. Spurgeon afirmó: "Desearía ver en cada iglesia a María sentada a los pies de Jesús, a Marta sirviendo a Jesús, a Pedro y Juan; pero el mejor nombre para una iglesia es 'Todos los Santos.' Todos los creyentes deben ser santos y todos pueden ser santos. ¡O más de ellos!"[37]

Una vez más Spurgeon reafirma a su audiencia que la clave para el éxito ministerial es la espiritualidad, "Si Dios debe ayudarnos de tal manera que toda la congregación de los fieles y cada uno de ellos individualmente, lleguen a la medida de la estatura de la plenitud de Cristo, entonces debemos ver cosas mayores que estas. Tiempos gloriosos vendrán cuando los creyentes tengan caracteres gloriosos."[38] Si la santidad radica en la raíz del éxito ministerial, entonces lo contrario también es verdad; el pecado puede radicar en la raíz del fracaso ministerial. Spurgeon directamente une ministros que no son santos con el fracaso ministerial.

> Debemos ser ejemplos a nuestro rebaño en todo. Debemos destacar en toda diligencia, en toda mansedumbre, en toda humildad y en toda santidad... No podemos esperar ver iglesias santas si nosotros quienes estamos obligados a ser sus ejemplos no tenemos santidad. Si hay, en alguno de nuestros hermanos, consagración y santificación evidente a todo hombre, Dios los ha bendecido y Dios les bendecirá más y más. Si existe carencia en nosotros, no necesitamos buscar más allá para encontrar la causa de nuestra falta de éxito.[39]

---

36   Spurgeon, The Greatest Fight in the World, 29.
37   Spurgeon, The Greatest Fight in the World, 29.
38   Spurgeon, The Greatest Fight in the World, 29.
39   Spurgeon, The Greatest Fight in the World, 32.

Spurgeon subraya de nuevo la necesidad de santidad en la vida del ministro:

> Lo siguiente, recuerden que el Espíritu Santo nunca aprobará el pecado; bendecir el ministerio de algunos hombres supondría aprobar sus maneras perversas. "Sed limpios, para llevar los utensilios del Señor." Que vuestro carácter se corresponda con vuestra enseñanza, y dejad que vuestras iglesias sean purgadas de transgresores declarados, no sea que el Espíritu Santo repudie vuestra enseñanza a consecuencia del sabor enfermizo de una manera de vivir falta de santidad la cual le deshonra.[40]

Spurgeon concluyó este poderoso discurso animando a los ministros a guiar a sus rebaños en el poder del Espíritu Santo:

> Sigan adelante con la compañía de los santos a quienes están guiando, dejad que cada hombre sea fuerte en el Señor y en la grandeza de su poder. A medida que hombres se levantan de los muertos, sigan adelante en el poder del Espíritu Santo: no tiene otra fuerza. ¡La bendición del Dios Trino esté sobre vosotros, para la gloria de Jesucristo! Amén.[41]

Concluiremos esta sección con un poema escrito por Spurgeon a los jóvenes ministros:

A UN JOVEN MINISTRO
"Un buen ministro de Jesucristo" – 1 Timoteo 4:6

El Señor Jesucristo con tu espíritu este:
Su gozosa presencia, a ti te ayude y defienda;
Sírvele continuamente a él con todo tu poder:
Busca su gloria y en su amor depende.

---

40   Spurgeon, The Greatest Fight in the World, 41.
41   Spurgeon, The Greatest Fight in the World, 43

METROPOLITAN TABERNACLE, C.H. SPURGEON. PASTOR,

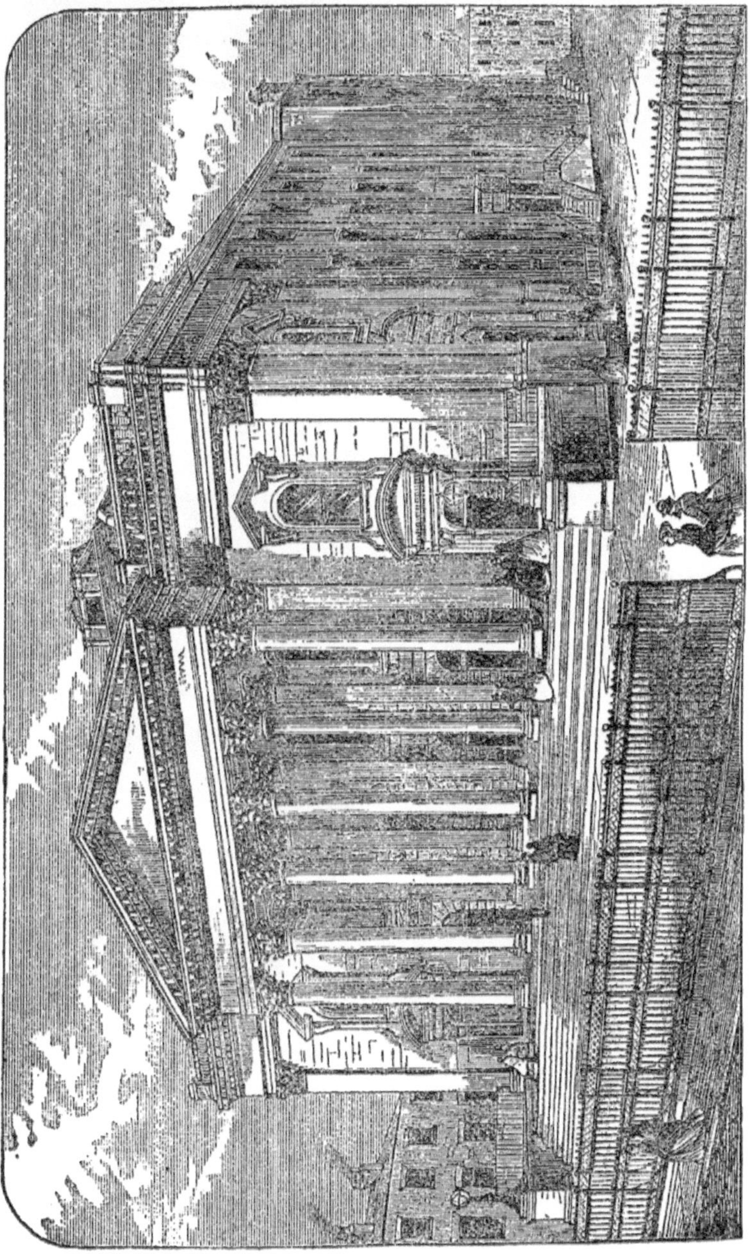

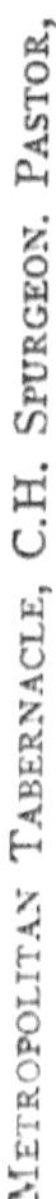

Tabernáculo Metropolitano

Tuyo es el trabajo de llevar a la humanidad a Dios;
En el nombre de Cristo, con hombres pecadores rogar;
Llevarles a la sangre que perdona el pecado;
Con pronta y salvífica verdad sus almas alimentar.

"Cuídate en todas las cosas;" "ten cuidado de ti mismo;"
Clama todas las bendiciones dadas a través del Salvador;
Sé un Cristiano de corazón, en palabra y en hecho;
Vive como un "heredero de Dios" y del cielo.

Sea tu cuidado tanto de Cristo conocer
Como corazón sentir, espíritu concebir;
Y guarda su amor y belleza para mostrar,
Que el hombre en él pueda salvíficamente creer.

Y por sus medios, a través de su gracia abundante,
Muchas almas puedan del pecado y de la
muerte ser ganadas;
Y gozo puedas tú estar delante de su faz,
Y viéndole a él sonreír y escucharle a él, "BIEN HECHO."[42]

---

42   C.H. Spurgeon, "To a young minister," The Sword and the Trowel, 1879
[Ed. note: this reference is unverified].

La Espiritualidad Personal de C.H. Spurgeon

Introducción

El siguiente capítulo se centra en la espiritualidad personal de Spurgeon. Su vida interior es examinada a través de un número de ventanas. Por ejemplo, su espiritualidad en su devoción a Dios es examinada a través de su interpretación de los salmos e himnos en su himnario, Our Own Hymn-Book. Cosechamos también un entendimiento de la "vida interior" de Spurgeon a partir de sus oraciones en el púlpito contenidas en C.H. Spurgeon's Prayers, las cuales revelan su amor y devoción a Dios. Un examen de The Metropolitan Tabernacle Pulpit revela que la predicación de Spurgeon está saturada con expresiones de amor inhibido e intensa devoción a Cristo, expresados en la búsqueda de la espiritualidad. La relación virtuosa de Spurgeon con su esposa y con su familia inmediata también es examinada. Este aspecto de su vida es tomado de The Letters of C.H. Spurgeon, así también como de su Autobiografía. Finalmente, son evaluados los trabajos de caridad de Spurgeon que abarcaron toda su vida.

Espiritualidad en la Himnología

El himnario de Spurgeon aporta una valiosa compresión en cuanto a su espiritualidad personal, imparable adoración, apasionada devoción y humilde adoración a Dios. Spurgeon sinceramente anheló promover y mantener una adoración bíblica entre la gente del Tabernáculo Metropolitano. Con esto en mente, Spurgeon publicó en 1866 un nuevo himnario titulado Our Own Hymn-Book. El himnario, compilado por el mismo Spurgeon, consistía de una sección de salmos e himnos excediendo los 1.060 y los cuales reflejaban una herencia Puritana Calvinista. Spurgeon contribuyó en la interpretación de quince salmos, así también como en la escritura de catorce de los himnos.[1]

Un análisis de la interpretación de los salmos revela su profunda y teológica devoción y su profunda reverencia a su gran y glorioso Señor. Como un ejemplo, en el Salmo 15, el carácter de aquellos que pueden morar con Dios es expuesto. Spurgeon en su interpretación del salmo reveló su anhelo a ser conformado a la voluntad de su gran y santo Dios. Primero, utilizando once pronombres a lo largo de seis estrofas, Spurgeon personaliza el salmo para asegurar así el máximo impacto y aplicación a su propia vida y a la vida de otros. Segundo, Spurgeon ruega a Dios que pueda ser conformado más a su voluntad:

> Señor, moraría contigo
>> En tu santo monte;
> Oh, derrama tu gracia sobre mí,
>> Para moldearme a tu voluntad.

La búsqueda de espiritualidad está claramente expresada:

> Oh, doma mí lengua para la paz,

---

1   Ver C.H. Spurgeon, comp., Our Own Hymn-Book: A Collection of Psalms and Hymns for Public, Social, and Private Worship (1866; reprint, Pasadena: Pilgrim Publications, 2002): Psalm 15, 21 ,30, 39, 41, 44, 53, 58, 60, 70, 82, 83, 111, 112 y 120; hymns 451, 632, 897, 904, 923, 934, 939, 974, 1020, 1022, 1055, 1056, 1058 y 1059.

Y pon a tono mi corazón para amar:
Pueda yo cesar de todos los reproches,
    Hazme inofensivo como una paloma.

El vil, aunque orgullosamente grande,
    No se encuentre en mi adulación;
Cuento a tus santos de pobre condición
    Como compañía mucho más noble.

De nuevo Spurgeon ruega por espiritualidad:

Fiel, pero amablemente manso,
    Prudente, pero valiente en verdad
Poseería la mente perfecta
    La cual veo en mi Señor

Concluyendo la interpretación de este salmo, Spurgeon claramente anhela ser conformado a la imagen de Cristo:

Pero, Señor, todas estas gracias
    El trabajo de tu Espíritu debe ser:
A Ti, a través de la sangre de Jesús clamo —
    Créalas todas ellas en mí.[2]

En el Salmo 21 Spurgeon se regocijó a medida que exponía el tema del reinado de Cristo. Mediante su exposición, Spurgeon presentó la gloria de Cristo a su congregación como uno que es triunfante y por lo tanto digno de toda alabanza y adoración. Spurgeon escribió:

Tu fortaleza, O Señor, regocija a nuestro Rey...
Su pompa real todos los cielos admiran;
Tú en Su Cabeza has puesto la corona.[3]

---

2   Spurgeon, Our Own Hymn-Book, 3.
3   Spurgeon, Our Own Hymn-Book, 5.

Susannah Spurgeon
(1832-1903)

Spurgeon concluye su gozo, asombro y admiración, cuando contempla a su Señor exaltado:

> Seas tú exaltado, Rey de reyes
>> En Su propia fuerza tú te sientas en lo alto,
> Tu iglesia con alta voz tu triunfo canta,
>> Y alaba tu gloriosa majestad.[4]

De nuevo, en su interpretación del Salmo 82, Spurgeon exaltó la soberanía del Rey. Spurgeon declaró:

> Los reyes de la tierra están en las manos
>> De Dios quien reina en lo alto;
> Él en la cámara del consejo de ellos permanece,
>> Y ve con ojos vigilantes.[5]

Spurgeon proclamó la maravilla de la gloriosa salvación de Cristo a los pecadores tales como él mismo. Spurgeon escribió en su interpretación del Salmo 30:

> Mis pecados me han llevado cerca de la tumba,
>> La tumba de negra desesperación;
> Miré pero no había nadie para salvar
>> Hasta que miré en oración.

Spurgeon con gratitud reconoció en el salmo que solamente Cristo le salvó de los terrores del infierno:

> En respuesta a mis lastimosos gritos,
>> Del oscuro borde del infierno soy traído:
> Mi Jesús me vio desde el cielo,
>> Y veloz trajo salvación.[6]

---

4   Spurgeon, Our Own Hymn-Book, 5.
5   Spurgeon, Our Own Hymn-Book, 22.
6   Spurgeon, Our Own Hymn-Book, 7.

Un joven Charles Spurgeon con sus hijos, Thomas y Charles

Spurgeon se dio cuenta completamente de que todo era solamente por gracia. Esa gracia es la que solamente salva y preserva. Su búsqueda de espiritualidad causó un odio hacia el pecado y un ruego por la mano restrictiva de Dios. Esto está claro en la interpretación del Salmo 58:

> O Dios, Tú juzgas toda la tierra,
>> Tú justicia reconforta mi limpio corazón;
> Refrena mi alma de la alegría de los pecadores,
>> Sino en su condenación tendré parte.[7]

A pesar de numerosas tribulaciones, Spurgeon siempre fue consciente y estuvo confiado de que Dios trabajaba en todo. Basado en el Salmo 39, Spurgeon declara gozosamente:

> Aunque estoy exiliado de la gloria de la tierra,
>> Pero no de la gloria del Rey;
> Mi Dios siempre está cerca trabajando,
>> Y por lo tanto cantaré.[8]

De nuevo en el Salmo 44 escuchamos el grito de batalla de Spurgeon cuando proclamó que la fortaleza y confianza de la iglesia estaba solamente en Dios:

> Solamente de la gracia su fuerza debe brotar,
>> Ni arco, ni espada pueden salvar;
> Solo a Dios, su Señor y Rey
>> Todos sus estandartes deben flamear.[9]

De nuevo, en el Salmo 60, sentimos la pasión de Spurgeon cuando escribe triunfante:

> A través de Ti muy valientes debemos probarnos

---

7 Spurgeon, Our Own Hymn-Book, 16.
8 Spurgeon, Our Own Hymn-Book, 10.
9 Spurgeon, Our Own Hymn-Book, 11

> Y pisar a los enemigos debajo de nuestros pies;
> A través de Ti nuestra fe montes debe mover,
> Y pequeñas como paja las montañas golpear.[10]

Concluimos esta breve visión de la interpretación de Spurgeon sobre los salmos con su interpretación del Salmo 11. Otra vez observamos y confirmamos la genuina espiritualidad de Spurgeon expresada en su adoración de corazón a su Señor:

> Alaba al Señor con exaltación
> Todo mi corazón a mi Señor debe alabar
> En medio de la congregación de los justos,
> Las más elevadas Aleluyas alzar.
> Por lo tanto sea su alabanza interminable,
> Sea Su nombre por siempre bendecido;
> Y con creciente confianza,
> Descansemos en Su promesa.[11]

Espiritualidad en todas las áreas del ministerio pastoral

Spurgeon tenazmente creyó que cada área del ministerio pastoral debía de verse como un acto de espiritualidad. Por lo tanto, es notable que un número de himnos escritos por Spurgeon se centren en deberes pastorales; estos son, himnos que guían y enriquecen la congregación en la reunión de oración, la elección de aquellos que ejercerán oficios, servicio en las ordenanzas del bautismo y de la mesa del Señor.

Spurgeon no era un teólogo de butaca. Permaneció en el frente de batalla, peleando en diversas áreas a lo largo de su vida. Sin cuestión alguna, Spurgeon dependió grandemente del Espíritu Santo para obtener fuerza y poder para predicar, enseñar, orar y buscar una vida santificada. No es por accidente que su primer himno está dedicado a la persona y el ministerio del Espíritu Santo. En su himno de acción de gracias y adoración, Spurgeon atribuye

---

10 Spurgeon, Our Own Hymn-Book, 16.
11 Spurgeon, Our Own Hymn-Book, 31-32.

gloria y honor al Espíritu Santo. Los términos que escogió expresan esta adoración: majestad, reina, mora, conforta, adorado, obedecido, poder, vida, esperanza y bendecido.

Este himno parece haber sido escrito para ser usado en la reunión de oración. Su tema es la presencia del Espíritu de Dios:

Tu Espíritu Santo está aquí,
    Donde los santos en oración están de acuerdo...

No lejos está Él,
    Pare ser por oración traído cerca
Aquí presente en majestad...

Él mora en nuestra alma,
    Siempre un Invitado bienvenido;
Él reina con absoluto control,

Un Monarca en el pecho.

Nuestros cuerpos son Su santo lugar
    Él es el Señor que mora.
Alabanza, a Ti divino Consolador
    ¡Por siempre adorado!

Obediente a tu voluntad,
    Esperamos sentir Tu poder,
O Señor de la vida, cumple nuestra esperanza,
    Y bendice esta hora santa.[12]

Otro ejemplo proviene de la elección de aquellos que ejercerán oficios en el ministerio. Spurgeon escribió dos himnos para guiar a la congregación a medida que ellos se acercaban a Dios por sabiduría y guía.[13] El primer himno pidió y rogó a Dios por un ministro.

---

12   Spurgeon, Our Own Hymn-Book, 106.

13   Hymns 897, 904.

El segundo himno pidió a Dios por guía para la elección de aquellos entre la congregación que ejercerían oficios. El celo piadoso de Spurgeon quería hombres de Dios; no un hombre de mera elocuencia o influencia sino un hombre según el corazón de Dios. Spurgeon escribió:

Señor resucitado, Tú has recibido
    Dones para bendecir a los hijos de los hombres...

Ahora con estos dones si te place bendícenos
    Ancianos, Diáconos, todavía suple,

Hombres quienes a Ti te plazca prestarnos,
    Para a todos los santos edificar.

Guíanos cuando a ellos escogemos
    Permite que el Espíritu Santo este cercano,
Tú Señor, Tú mismo escógelos
    Y ordénalos desde lo alto.

[Pausa mientras la elección es hecha]

Derrama sobre ellos tu rica unción
    Llena a Tus siervos con Tu poder,
Pruébalos a ellos de tu propia elección,
    Bendícelos para esta misma hora.[14]

La espiritualidad de Spurgeon en el bautismo también es evidente.[15] Debe notarse como Spurgeon entreteje la espiritualidad del creyente con su Salvador:

Aquí podemos ver la tumba
    La cual retuvo enterrada a nuestra Cabeza;

---

14   Spurgeon, Our Own Hymn-Book, 197.
15   Ver himnos 923 y 934.

Clamamos un entierro en la ola
    Porque con Jesús juntamente morimos.

Aquí también le vemos a Él resucitar,
    Y vivir para nunca más morir;
Y con Él uno somos por sagrados lazos
    Resucitamos para vivir en lo alto.[16]

La devoción de Spurgeon en la práctica ministerial está evidenciada en la mesa del Señor. Para esta ordenanza, Spurgeon escribió cinco himnos: tres para antes de la comunión,[17] y dos para después de ella.[18] El primero llama a la presencia y bendición de Dios, mientras que el último ofrece acción de gracias.

Cerramos esta sección con una cita de uno de estos himnos de comunión. Dicho himno ilustra el abundante amor y devoción de Spurgeon a Cristo, el Cristo crucificado:

En medio de nosotros se levanta nuestro Amado,
    Y nos ofrece una visión de Sus manos atravesadas;
Señala a Sus pies y Su costado heridos,
    Benditos símbolos del Crucificado.

Tú el gloriosos Novio de nuestros corazones,
    Tu gloriosa sonrisa imparte el cielo:
Oh levanta el velo, si es que hay uno,
    Y deja a cada santo ver Tu belleza.[19]

La Espiritualidad en la oración

A medida que examinamos las oraciones públicas de Spurgeon, somos conscientes de que estamos en terreno santo. El Señor Jesús dijo, "Porque de la abundancia del corazón habla la boca" (Mateo 12:34). En la evaluación de estas expresiones del alma, ganamos

---

16   Spurgeon, Our Own Hymn-Book, 208.

17   Ver himnos 939, 1055 y 1056.

18   Ver himnos 1058, 1059.

19   Spurgeon, Our Own Hymn-Book, 204-205.

compresión en la esfera más íntima de Spurgeon: su santa devoción, su saludable carácter, su odio hacia el pecado, su humildad, su pasión por las almas, su esperanza de gloria y su temor del infierno. Nada alcanza de mayor manera las profundidades de nuestra ser y revela los anhelos más profundos de nuestra alma y pasiones que nuestras oraciones, tanto públicas como privadas. C.H. Spurgeon's Prayers revela no solamente la propia devoción y búsqueda de santidad de Spurgeon sino que también su carga por la gente que había sido confiada a su cuidado pastoral por la gracia soberana de Dios.

John Cairns (1818-1892), quien es citado en la introducción de *C.H. Spurgeon's Prayers*, declaró:

La oración era el instinto de su alma, y la atmosfera de su vida. Era su "respirar vital" y "aire nativo." ¡Cuán naturalmente lo inhaló y lo exhaló! La grandeza de sus oraciones me impresiona y me deleita más y más. Tocó cada nota. Se levantó como en alas de águila hacia el Cielo de Dios.[20]

Dinsdale T. Young (1861-1938), un ministro Metodista y testigo de la espiritualidad de Spurgeon, señala:

Precioso más que toda comparación era para él su Divino Redentor. La sangre de nuestra redención era su gloria. El sacrificio para perdón de pecados lo era todo para él.[21]

Las oraciones de Spurgeon inequívocamente demuestran su espiritualidad personal y su anhelo por la llama de la sagrada devoción a Dios entre su gente. Hay, en sus oraciones, una santa expectación de que Dios promovería una espiritualidad personal en los corazones de aquellos en la congragación como una respuesta a numerosas peticiones apasionadas que Spurgeon honestamente dirigió a Dios.

---

20   John Cairns, citado en "Introduction," en C.H. Spurgeon's Prayers (1905; reprint, Grand Rapids: Baker Book House, 1981), i.

21   Dinsdale T. Young, "Introduction," en C.H. Spurgeon's Prayers, iii.

En general, las oraciones de Spurgeon son trinitarias en esencia, teológicamente inteligentes en carácter y apasionadas en fervor. Las oraciones públicas y privadas están inevitablemente unidas la una con la otra, como Dinsdale T. Young observa: "¡Cuán naturalmente la oración fluyó de los labios del gran Apóstol! Sentimos que solamente hacía delante de la multitud lo que estaba acostumbrado a hacer en privado."[22] Young señala la evidente pasión, búsqueda y placer de Spurgeon por Dios:

> Estas oraciones nobles serán vistas llenas de teología. Ellas fueron las palabras de uno que estudió a Dios, deleitó en Dios y caminó con Dios, especialmente con Dios-hombre.[23]

La búsqueda de adoración

Las oraciones de Spurgeon sobreabundaron con adoración al Dios Trino. En la oración "Gracias sean dadas a Dios," podemos ver que Spurgeon fue muy consciente de la naturaleza trina de Dios:

> Adoramos al Padre, adoramos al Hijo, adoramos al Espíritu Santo con todo el poder de nuestro ser. Nos postramos delante del terrible pero glorioso torno de la Infinita Majestad del cielo. El Señor nos acepta ya que ofrecemos estas alabanzas en el nombre de Jesús.[24]

La adoración permeó todas las oraciones de Spurgeon. Para Spurgeon, la oración era un acto de adoración. En "Al Rey Eterno," Spurgeon empieza su oración con desatado amor y devoción a Dios:

> Empezaríamos con adoración. Adoramos desde nuestros corazones al Dios Trino, el infinito y glorioso Jehová, el único Dios vivo y verdadero. Adoramos al Padre, al Hijo y al Espíritu Santo, el Dios de Abraham, Isaac y Jacob. No hemos ascen-

---

22 C.H. Spurgeon's Prayers, vi.
23 C.H. Spurgeon's Prayers, viii.
24 C.H. Spurgeon's Prayers, 9.

dido todavía al lugar donde los espíritus puros contemplan la faz de Dios, pero pronto estaremos allí, quizás más pronto de lo que pensamos, pero estamos allí en espíritu en estos mismos momentos, echando nuestras coronas sobre el cristalino mar delante del trono de la Infinita Majestad y dándole gloria y honor, poder y alabanza, dominio y majestad a Él quien está sentado sobre el trono, y al Cordero por los siglos de los siglos. Toda la Iglesia te adore a Ti, O Dios, cada corazón renovado por gracia se deleita adorándote a Ti, y nosotros, entre el resto, aún y siendo los últimos y más pequeños de todos ellos, nos rendimos de corazón como cualquier otro, adorando, amando, alabando, en nuestra alma, estando en silencio delante de Dios porque nuestro gozo en Él es del todo inexplicable.[25]

Spurgeon a menudo concluía sus oraciones con actos explícitos de adoración tal y como puede verse en "Gracias sean dadas a Dios":

Reina, Emmanuel, reina: siéntate en el trono en las alturas; cabalga en tu Caballo Blanco; y que los ejércitos de los cielos te sigan, conquistando y para conquistar. Ven, Señor Jesús; ven pronto. Amén y amén.[26]

La búsqueda de santidad

Spurgeon anheló ser conformado a la voluntad de Dios en obediencia perfecta. Esto es visto de manera clara en su oración titulada "Ayuda de lo Alto":

Señor santifícanos. ¡O! Que tu Espíritu viniese y saturase cada facultad, subyugase cada pasión y usase cada poder de nuestra naturaleza para la obediencia a Dios. Ven, Espíritu Santo, te conocemos: A menudo nos has cubierto. Ven, toma posesión más completa de nosotros.[27]

---

25   C.H. Spurgeon's Prayers, 25-26.
26   C.H. Spurgeon's Prayers, 11.
27   C.H. Spurgeon's Prayers, 3.

Podemos escuchar el clamor del corazón de Spurgeon a medida que ruega de manera honesta a Dios por consagración:

Ven, toma posesión más completa de nosotros. Estando como estamos ahora delante del propiciatorio nuestra oración más elevada es por santidad perfecta, consagración completa, limpieza total de cada maldad. Toma nuestro corazón, nuestra cabeza, nuestras manos, nuestros pies y úsanos para ti.[28]

Señor, guárdanos de todo pecado; enséñanos como andar cautelosamente; capacítanos para guardar nuestras mentes del error doctrinal, nuestros corazones de los sentimientos erróneos, y nuestras vidas de las acciones perversas. Oh, que nunca podamos hablar sin consejo en nuestros labios, ni dar lugar a la ira. Por encima de todo, guárdanos de la codicia la cual es idolatría, y de la malicia la cual es del diablo.[29]

La búsqueda de un estilo de vida consagrado

Spurgeon no fue uno que buscó placer a parte de Dios. Su vida estuvo dedicada y consagrada al servicio a Dios. Todo lo que hizo se desarrolló alrededor de su pasión por Dios y por el evangelio de Cristo. Esto incluyó bendiciones de la providencia tales como bienestar económico y talentos. Todo, en la mente de Spurgeon, debía estar completamente consagrado a Dios. Es de esta manera que le escuchamos pedir a Dios:

Señor, toma nuestra sustancia, no nos dejes acumular para nosotros mismos, ni tampoco gastar para nosotros. Toma nuestros talentos, no dejes que nos eduquemos a nosotros mismo no sea que podamos tener la reputación de ser sabios, sino deja que cada ganancia de logro mental pueda todavía ser para servirte a ti mejor... Podamos santificar al mundo para tu servicio. Podamos ser pedazos de sal en me-

---

28   "Help from on high" en C.H. Spurgeon's Prayers, 3-4.
29   "Thanks be unto God" en C.H. Spurgeon's Prayers, 10-11.

dio de la sociedad.[30]

La búsqueda de los perdidos

Spurgeon oró apasionadamente por aquellos que estaban fuera de Cristo. Escuchémosle rogar por aquellos que no son Cristianos:

Y ahora bendito Señor, mira sobre aquellos que no te aman. Oh Redentor, mírales con tus ojos los cuales son llamas de fuego. Permíteles ver qué mal te tratan. Que puedan considerar dentro de sí mismos cuán nefasta es la ingratitud la cual puede ser negligente de la sangre del Salvador, indiferente del corazón del Salvador. Oh, lleva al despreocupado y al impío a buscar misericordia, Permite que aquellos que están posponiendo cosas serias empiecen a ver que el mismo pensamiento de posponer los clamores de Cristo es traición en contra de Su Majestad. Oh Salvador, lanza tus flechas y permite que hieran a muchos de tal manera que puedan caer delante de ti y clamar por misericordia.[31]

En "Un Ruego que Prevalece," Spurgeon de nuevo clama a Dios por los perdidos. Spurgeon declara:

¡Oh! Que pudiésemos derramar nuestra alma en oración por los inconversos. Tú sabes donde todos ellos estarán de aquí a unos pocos años ¡Oh! Por tu ira oramos a ti, permite que no tengan que soportarla. Por las llamas del infierno, te plazca salvarles de descender al abismo. Por todo aquello que es horrible en la ira que viene verdaderamente te pedimos que tengas misericordia sobre esos hijos de los hombres, incluso sobre aquellos que no tiene misericordia de sí mismos.[32]

---

30   C.H. Spurgeon's Prayers, 4.
31   C.H. Spurgeon's Prayers, 9-10.
32   C.H. Spurgeon's Prayers, 23.

La Espiritualidad en la predicación

La predicación de Spurgeon se caracteriza por una llamada a la santidad. De acuerdo a Spurgeon, una vida vivida en la presencia del Dios Santo debe ser caracterizada por una vida de espiritualidad. De hecho, sin una honesta y continua búsqueda de espiritualidad, Spurgeon cuestionaría la validez de la profesión de fe de alguien.

En la mente de Spurgeon, la espiritualidad involucraba un terror del pecado delante de un Dios santo. En un sermón predicado por el joven Spurgeon el 8 de Abril de 1855, a una aglomerada audiencia en el Exeter Hall, Spurgeon expuso el texto, "Venid, ved el lugar donde fue puesto el Señor" (Mateo 28:6). En el sermón Spurgeon se toma grandes molestias para traer a casa la atroz naturaleza del pecado personal. Spurgeon dejó a aquellos que le escucharon sin ninguna duda de que fue su pecado el que crucificó a Cristo. Consecuentemente, emociones de profunda tristeza por el pecado son apropiadas. Spurgeon valientemente declaró:

Primero, les ofrecería venir y ver el sitio donde el Señor fue puesto con emociones de profunda tristeza. O ven, mi querido hermano, tu Jesús fue puesto una vez aquí. Fue un hombre asesinado, mi alma, y tú el asesino.

Ah, tú, mis pecados, mis crueles pecados,
    Fueron su principal tormento
Cada uno de mis crímenes se convirtió en un clavo,
    Y la incredulidad la lanza.

¡He aquí! ¿Sangró mi Salvador?
    ¿Murió mi Salvador?

Lo maté – esta mano derecha hundió la daga en su corazón. Mis hechos mataron a Cristo. ¡He aquí! Maté a mi amado; Maté a aquel que me amó con amor eterno. Vosotros ojos, ¿por qué rehusáis llorar cuando veis el cuerpo de Jesús destrozado y rasgado?[33]

Algunos años después, en 1862, en el Tabernáculo Metropolitano, Spurgeon capturó a su congregación a medida que exponía Hebreos 12:14: "Santidad, sin la cual nadie verá al Señor." Aquí Spurgeon llama a toda la congregación a la santidad y no libra a nadie que se deleita en el pecado. De hecho, Spurgeon advierte solemnemente que donde no hay una genuina búsqueda de la espiritualidad no hay una salvación auténtica. La búsqueda de la espiritualidad no es opcional para el creyente. Spurgeon gravemente dice:

> Estoy bastante seguro de que no sabes nada de la verdadera santidad si puedes mirar a cualquier futura indulgencia de apetitos sensuales con cierto grado de gozosa anticipación. ¿Tengo algún hombre aquí, un Cristiano profeso, que ha formado algún diseño en su mente para satisfacer su carne, y gozar de delicias prohibidas cuando una oportunidad se presenta? ¡Ah caballero! Si no puede pensar en esas cosas que pueden venir a su camino sin temor, sospecho de ti.[34]

En el mismo sermón, Spurgeon habla acerca de la uniformidad en santidad tanto pública como privada. En su mente, las acciones de una persona y el comportamiento en público deben corresponderse con sus acciones en privado. Spurgeon ve la manera de vivir en el hogar como un criterio más veraz en la búsqueda de espiritualidad que la vida pública. Con respecto a esto, de acuerdo al testimonio de su hijo, el cual será considerado más adelante, Spurgeon vivió lo que predicó. Sin dejar piedra sin remover, Spurgeon lleva la búsqueda de la espiritualidad genuina a cada miembro de su congregación:

> Otra vez, pienso que tienes una gran causa para cuestionar, a menos que tu santidad sea uniforme; es decir, si tu vida es

---

33 "The Tomb of Jesus" en The New Park Street Pulpit, 1:133.

34 "Holiness Demanded" en The Metropolitan Tabernacle Pulpit, 50:462.

angélica al exterior y diabólica en el hogar. Debes sospechar que es en el hogar donde verdaderamente eres tú mismo. Me pregunto si un hombre es mucho mejor de lo que su esposa y familia piensan de él, ya que ellos, después de todo, ven lo más de nosotros, y conocen la verdad acerca de nosotros; si usted, aún y poder parecer en el púlpito, o en la plataforma, o en la tienda, amable, Cristiano, creado a la imagen de Dios a todos aquellos que pasan por su lado, si sus hijos han de marcar su falta de amabilidad, su carencia de afecto paterno por sus almas, y si su esposa ha de quejarse de su carácter dominante, de la ausencia de todo aquello que es creado a la imagen de Cristo, usted puede sospechar sagazmente de que hay algo mal en el estado de su corazón. ¡O señores, verdadera santidad es algo para mantener por la noche y por el día, en el hogar y en el exterior, en la tierra y en el mar![35]

Spurgeon vio una congregación entera buscando la espiritualidad como un testimonio glorioso del evangelio a una humanidad caída. En un sermón basado en 1 Tesalonicenses 1:5-10 y predicado el 28 de Abril de 1872 a su congregación en el Tabernáculo Metropolitano, Spurgeon declaró urgentemente:

La Iglesia de Tesalónica declaró el evangelio de manera involuntaria y también voluntaria. Lo hicieron de manera involuntaria, por la manera en que sus vidas hablaron. Si ellos no predicaron, estaban tan llenos de fe, buenas obras y santidad que otra gente habló de ello y el asunto fue conocido y el trabajo de Dios en los corazones de la Iglesia pudo ser percibido en las vidas de los miembros y de esta manera se expandió. ¡Oh! Cuán contento cualquier pastor debería estar cuando su gente es tan santa, está tan unida, es tan generosa, tan perseverante, tan dedicada a la oración, tan llena de fe y del Espíritu Santo, que en cualquier lugar donde ellos son mencionados, y a través de ellos, a través de su con-

---

35 "Holiness Demanded" en The Metropolitan Tabernacle Pulpit, 50:463.

ducta, la Palabra de Dios es predicada al exterior. Vean esto, mis hermanos – vean esto. Dios nos ha puesto donde somos observados por muchos. Den a ellos algo que valga la pena ser visto. Con los ojos de una multitud de testigos sobre nosotros, corramos con paciencia – la carrera que está puesta delante de nosotros.[36]

La Espiritualidad en las relaciones

¿Cómo era Spurgeon? Un análisis de la correspondencia personal nos da un mayor conocimiento de su espiritualidad. Esta sección examina las cartas de Spurgeon y la relación con su familia y amigos.

1. La espiritualidad en las relaciones con sus padres

Como joven, Spurgeon compartió libremente su íntimo amor y devoción a Cristo con sus padres, así también como, con su fidelidad a ellos. El 30 de Enero de 1850, Spurgeon escribió desde Newmarket, "Ahora siento como si pudiese hacer cualquier cosa y dejarlo todo por Cristo, y entonces se que todo esto es nada comparado con su amor. Siempre permaneceré su obediente y afectuosos hijo, Chas. H. Spurgeon."[37] En otra carta con fecha del 20 de Abril de 1850, vemos el deseo de Spurgeon de obedecer a sus padres. Spurgeon pidió permiso para ser bautizado y demostró su disposición a obedecer a su voluntad. Ansiosamente escribió, "he esperado cada mañana por una carta de mi padre, estoy deseoso de una respuesta... Si te place, envíame o bien permiso o bien negación para ser bautizado; he sido tenido en un doloroso suspenso."[38] Spurgeon ansiosamente compartió el éxito ministerial con sus padres. Spurgeon escribió el 19 de Julio de 1855 desde Fairfield cerca Glasgow sobre su recepción en Escocia, y reafirmó su amor y devoción a sus padres. Spurgeon escribió, "El último día de reposo, prediqué dos veces en Glasgow a un multitud inmensa. Me imagino que madre

---

36   "The Gospel in Power" en The Metropolitan Tabernacle Pulpit, 63:81.

37   C.H. Spurgeon, The Letters of C.H. Spurgeon: Collected and Collated by His Son Charles Spurgeon (Harrisburg: Good Books Corporation [1923]), 13.

38   The Letters of C.H. Spurgeon, 20.

está de vuelta, dale un beso de mi parte, y da mi amor a todos. Mi amor para ti mi querido padre."[39] Como un pequeño comentario, debe notarse que en esta ocasión su modestia le previno de mencionar que más de 20,000 personas no pudieron escucharle![40] Otras cartas revelan su transparencia con sus padres concerniente a su alma, así también como al ministerio. En todas sus cartas, sin ninguna excepción Spurgeon muestra una gran calidez, amor y afecto. En todos los aspectos se muestra como un hijo devoto.

2. Espiritualidad en el matrimonio

Miss Susannah Thompson (1832-1903) nació el 5 de Enero de 1832. Antes de conocer a Spurgeon era una asistente irregular en Park Street Chapel. Su familia estaba estrechamente ligada a Mr. y Mrs. Olney; Mr. Olney, un diacono, la animo a asistir y escuchar al "chico predicador" de Waterbeach. Su recuerdo más temprano del chico predicador la entretuvo y ella misma comenta que la única cosa que recordaba del sermón era "piedras vivas en el Templo Celestial perfectamente unidas con el cemento rojizo de la sangra de Cristo."[41] Sin embargo, a medida que el tiempo pasaba, Susannah vino a convicción de pecado cuando Spurgeon expuso Romanos 10:8. Susannah fue posteriormente animada cuando Spurgeon le dio una copia de The Pilgrim's Progress, datada del 20 de Abril de 1854. Su amistad, aún y lenta al principio, pronto empezó a florecer. En la apertura del Crystal Palace el 10 de Junio de 1854, Spurgeon le dio un libro a Susannah. El libro era Proverbial Philosophy de Martin Tupper. ¡El joven Spurgeon estaba señalando el capítulo sobre el matrimonio! El primer verso decía, "busca una buena esposa de tu Dios, porque ella es el mejor don de Su providencia... Si has de tener una esposa en tu juventud, ella ahora está viviendo en la tierra; Por lo tanto, piensa en ella, y ora por ella."[42] Susannah nunca olvidó las palabras que su futuro marido susurró a su oído,

---

39   The Letters of C.H. Spurgeon, 44.

40   Hayden, Highlights in the Life of Charles Haddon Spurgeon, 8.

41   The Early Years, 281.

42   The Early Years, 283.

"¿Oras por aquel que debe ser tu marido?"[43]

La joven pareja pronto se encontró paseando por los jardines del Crystal Palace donde sus corazones fueron unidos en amor. Susannah reflexionando sobre ese día escribió, "Desde ese momento nuestra amistad creció paso a paso, y rápidamente maduró en el más profundo amor – un amor que vive en mi corazón hasta hoy día."[44] Se casaron el 8 de Enero de 1856 en New Park Street Chapel. Una luna de miel de diez días a París siguió a la boda y en la primavera, el 20 de Septiembre de ese mismo año, dos gemelos no idénticos, Thomas y Charles nacieron al feliz Spurgeon.

Susannah permanecería una firme ayuda idónea para Spurgeon. Susannah escribió más tarde: "Estimé mi gozo y privilegio estar siempre a su lado, acompañándole en muchos de sus viajes para predicar, nutriéndole en enfermedades ocasionales – su deliciosa compañía durante sus viajes de vacaciones, siempre mirando por él y atendiéndolo con el entusiasmo y la simpatía que mi gran amor por él me inspiraba."[45] Su amor el uno por el otro nunca flaqueó. La devoción de Spurgeon se ve claramente en su precioso poema de amor escrito para Susannah:

Amor Matrimonial – para mi esposa
C.H. Spurgeon

Por encima del espacio que nos separa, mi esposa,
   Me construiré un puente formado por una canción;
Nuestros corazones deben encontrarse,
   O gozo de mi vida,

Sobre su invisible pero fuerte arco.

Más allá y por encima del vínculo matrimonial,
   Nuestra unión a Cristo sentimos,
Lazos que no se puede desatar

---

43   The Early Years, 283.
44   The Early Years, 283.
45   Autobiography, 2:291-292.

fueron hechos en las alturas,
Ellos nos sustentarán cuando la tierra se tambalee.
Aún y cuando Él nos escogió antes
de la fundación del mundo,
Debe reinar solamente en nuestros corazones,
Nosotros cariñosamente creemos
que debemos adorar,
Juntos delante de su trono.[46]

Susannah quedaría inválida, pero todo y así, rehusó hacer cualquier tipo de demanda a su atareado marido. El famoso Sir James Simpson (1811-1870), un amigo de la familia, quien descubrió la anestesia para las operaciones y fue nombrado el padre de la ginecología moderna, operó a Susannah. Una pista de su enfermedad se encuentra en el libro que estaba en la biblioteca personal de Spurgeon. *A Practical Treatise on the Inflamation of the Uterus, The Cervix and on its Connections with other Uterine Diseases.*[47] La operación no tuvo éxito. Sin embargo, Susannah sobrevivió a su marido por diez años y murió el 22 de Octubre de 1903 a la edad de setenta un años.

Aún y ser inválida, Susannah animó a Spurgeon en todos sus cometidos y también le animó a tomar necesitados descansos en Menton, Francia, para recuperarse cuando su salud lo demandaba. Su amor desinteresado y su fiel soporte del ministerio de Spurgeon están claramente afirmados. Resumiremos la devoción de Susannah a su marido con la siguiente cita de Charles Ray:

Doy gracias a Dios, que me ha capacitado para llevar a cabo esta determinación [soportar el ministerio] y gozarme de que no tengo causa para reprocharme por ser un obstáculo en las ruedas veloces de su vida consagrada. No tomo ningún crédito para mí en este respecto; fue la voluntad del Señor para mi, Él vio que para esto recibí el entrenamiento necesa-

---

46 Autobiography, 2:298-299.
47 Thomas, "The Preacher's Progress" en Hulse, ed., A Marvellous Ministry, 39.

rio por el cual a través de los años alegremente rendiría Su siervo escogido a las incesantes demandas de su ministerio, su trabajo literario, y las múltiples labores de su excepcionalmente atareada vida.[48]

3. La Espiritualidad en *el hogar*

Ahora nos centramos en los dos hijos de Spurgeon. Primero escuchemos un tributo de Thomas Spurgeon (1856-1917). Thomas Spurgeon sucedió a su padre como pastor del Tabernáculo Metropolitano desde 1893 hasta 1908. La estima por la espiritualidad de su padre abundó:

Aquel cuya memoria rendimos nuestro triste respeto esta noche, ha sido llamado en sus varias capacidades – predicador, autor, tutor, benefactor; y la verdad es que todos estos temas fueron manejados; pero solamente hay dos personas en el mundo que están plenamente capacitados para hablar de él como padre – y ¡gracias a Dios yo soy uno de estos!

El hombre que era tan bueno con los hijos de la otra gente, puedes estar seguro, de que era un buen padre con los suyos. Una vida tan atareada le previno de tomar un gran papel activo en la crianza de sus hijos; además, mi preciosa madre fue la mejor entrenadora posible. Aprendimos del ejemplo de mi padre más que de sus preceptos. Si su vida en el hogar pudiese ser contada, sería tan impactante como su vida pública. Temo que no nos hayamos beneficiado de ella tanto como hubiésemos debido; pero fue abundante para ser contada. Allí, en "el hogar, dulce hogar," notamos su generosidad, tan amplia que apenas alguien rogaba en vano, a menos que, verdaderamente, él mismo, fuese tan pobre como el suplicante a raíz de su constante dádiva. Allí vimos diariamente, hora tras hora, la espiritualidad tan natural y sin obligación, la confianza en Dios, la humildad de la que siem-

---

48 Citado en Charles Ray, Mrs. C.H. Spurgeon (1903; reprint, Indiana: Christian Book Gallery, 1994), 54-55.

pre habló en alabanza de otros pero nunca de sí mismo.[49]

Escuchemos ahora a Charles Spurgeon Jr. (1856-1926) mientras se dirige a su congregación en South Street Baptist Church, Greenwich. Su admiración por el amor, bondad y generosidad de su padre sobreabundó:

Nunca ningún hijo ha tenido un padre más amable, sabio, alegre, santo o más generoso; y cuento uno de los honores más elevados de mi vida colocar dentro del ya bien guardado ataúd, unas pocas gemas que la memoria ha preservado a través de una dulce relación, la cual, en la bondad de Dios, yo, como uno de los hijos de mi padre tuve el privilegio de gozar. Había un rasgo en su noble y santo carácter que, entre muchos otros, siempre brillaba por sí solo con un lustre peculiar. Su humildad fue de un carácter formado a la imagen de Cristo y demanda una mención de corazón por parte de aquellos quienes hablan o escriben sobre de él. Palabras de adoración concerniente a él mismo fueron siempre dolorosas para él: su credo es este, como en cualquier otro asunto, "No yo, sino Cristo;" todo y así, de su propio y amado hijo alguna necesidad de alabanza puede de seguro surgir, y el hijo de buen grado rendiría todo el honor debido al mejor de los padres. Su ejemplo intachable, su santa consistencia, su amor genial, su libre generosidad, su sabio consejo y su valiente fidelidad a Dios y a Su verdad, son a la par con su paternidad; y en mi corazón, como en el de todos aquellos con los que entró en contacto, estas cualidades han sido consagradas. La incomparable gracia y bondad, manifestadas en el hogar, encontraron su contrapartida en su carrera pública, y probaron como el espíritu del Maestro permeó completamente toda la vida de Su siervo. Lo que mi padre era para mí, para la Iglesia de Cristo y para el mundo, nadie puede estimarlo de manera completa; pero aquellos que lo conocieron entendieron de

---

49   Thomas Spurgeon, advertising blurb, overleaf front cover, *The Metropolitan Tabernacle Pulpit*, vols. 62-63.

la mejor manera el secreto de su mágico poder, porque ellos sintieron que él "había estado con Jesús," y Jesús vivía en él.[50]

La correspondencia de Spurgeon con su hijo Charles está inevitablemente caracterizada por su calidez, amor, preocupación y paterna devoción. No hay ninguna duda de que amor genuino sobreabundó en el hogar de Spurgeon.[51]

4. Comentarios de los amigos de Spurgeon sobre su espiritualidad
Unos pocos recuerdos por los amigos de Charles Spurgeon también testificarán sobre su espiritualidad. Un ejemplo es el de William Williams, pastor de Upton Chapel, Londres, un confidente cercano e íntimo de Spurgeon. Williams escribió es su biografía de Spurgeon:

"Si recibes el corazón de un amigo," una vez escuche a Mr. Spurgeon decir, "preocúpate por darle el tuyo." Considero uno de los privilegios más elevados de mi vida que fui uno de los muchos que fue recibido en el gran y fraternal corazón de este poderoso hombre de Dios... Toda su conversación era honestidad personificada; su vida era tan trasparente como un rayo de sol; su espíritu sin malicia como el de "un verdadero Israelita." Gracia, raras veces, si alguna vez, produjo un carácter el cual, por invaluable integridad, inmaculada pureza y noble generosidad, excedió el de C.H. Spurgeon.[52]

En una carta escrita por el Primer Ministro, William Gladstone (1809-1898) a Mrs. Spurgeon, él expresó su preocupación por la débil salud de Spurgeon. Gladstone hace la mención del notable carácter de Spurgeon. Gladstone escribe:

---

50   *Autobiography*, 4:274.
51   *Autobiography*, 4:287-304.
52   William Williams, *Personal Reminiscences of Charles Haddon Spurgeon* (London: The Religious Tract Society, 1895), 12-13.

Mi querida dama, en mi casa, oscurecida por el tiempo presente, he leído con triste interés los acontecimientos diarios de la enfermedad de Mr. Spurgeon; y no puedo dejar de expresarle mi más honesta convicción de empatía con usted y con él, y mi cordial admiración, no solo por sus espléndidos poderes, sino todavía más por su carácter devoto e inquebrantable.[53]

Spurgeon, todo y estar tremendamente débil, respondió, "la suya es una palabra de amor como aquellas que solamente escriben aquellos que han estado en el país del Rey y han visto mucho de Su faz. El amor de mi corazón para usted – C.H. Spurgeon."[54]

Anthony Ashley-Cooper (1801-1885), el séptimo Conde de Shaftesbury, fue otro quien grandemente estimó a Spurgeon y se escribió regularmente con él.[55] Shaftesbury no solamente gozó los dones de Spurgeon sino que también notó su carácter. Shaftesbury escribió:

Mi Querido Amigo,

Los libros han llegado bien; y la inscripción la cual usted –usted mismo, ha escrito – la valoro altamente – yo debo añadir la mía – una oración que mis descendientes apreciarán los volúmenes como el don de un hombre cuyos antepasados honraron y amaron como un amigo personal, pero mucho más como un siervo poderoso, atrevido, verdadero y sincero de nuestro bendito Señor y Salvador. ¡Dios esté contigo y con

---

53   Autobiography, 4:358-359.

54   Autobiography, 4:359.

55   Una fuerza importante en la reforma de la legislación Británica en el siglo diecinueve, el Conde de Shaftesbury fue instrumental en el decreto de leyes prohibiendo el trabajo de mujeres y niños en las minas de carbón (1842), leyes reformando el cuidado de los enfermos mentales (1845) y leyes estableciendo una jornada de trabajo de diez horas al día para los trabajadores de las factorías (1847). También promovió la construcción de modelos de casas de caridad para los pobres, modelos de escuelas, llamadas escuelas andrajosas para los niños pobres y rechazados. La Sociedad de Shaftesbury se unió con otra organización en el 2007 y actualmente trabaja en Livability.

los tuyos para siempre!
SHAFTESBURY.[56]

Spurgeon amó y estimó a todo aquel que levantó el estandarte de la cruz. Su amor sobreabundó más allá de fronteras denominacionales. Como un ejemplo, Spurgeon amó grandemente a D.L. Moody quien, aún y ser Arminiano en su teología, fue un alma gemela con el espíritu de Spurgeon. Moody predicó en el Tabernáculo Metropolitano y después de la muerte de Spurgeon le fue dada la Biblia del púlpito. Spurgeon también admiró grandemente a Andrew Bonar (1810-1829), un ministro de la Iglesia Libre Escocesa quien Spurgeon escribió una vez preguntando por su autógrafo. Spurgeon también estimó al Obispo Anglicano J.C. Ryle y disfrutó inmensamente sus trabajos escritos.

Espiritualidad en buenas obras

El apóstol Santiago declaró, "Porqué como el cuerpo sin espíritu está muerto, así también la fe si obras está muerta" (Santiago 2:26). Esta sección final del libro mira a como los trabajos piadosos de Spurgeon le consumieron desde la mañana hasta la noche a medida que él trabajó con las numerosas tareas y responsabilidades de su ministerio.

Una semana típica de trabajo

La Autobiografía provee una visión de las diversas labores que Spurgeon desarrollaba a lo largo de la semana. Durante los domingos, Spurgeon llegaría temprano al Tabernáculo Metropolitano. Aquí lidiaría con cualquier asunto urgente que pudiese haber aparecido; selección de himnos para el servicio de la mañana y arreglar los tonos con aquel que dirigiría. Interesantemente, no había instrumentos musicales usados durante la adoración en el Tabernáculo Metropolitano. El resto del tiempo era usado en oración con los ancianos y diáconos que estaban disponibles. A las once, el servicio de adoración empezaba con Spurgeon descendiendo las escaleras

---

56   *Autobiography*, 4:179.

hacia la plataforma, seguido por una larga fila de oficiales de la iglesia. Allí, el gran predicador del evangelio derramaba su alma delante de unas 6.000 personas. Después del servicio de adoración, Spurgeon se reuniría con una larga procesión de amigos y visitantes, muchos de ellos solamente queriendo darle la mano. En el segundo Domingo de cada mes, al final del servicio de la mañana, Spurgeon apartaba un tiempo para reunirse con numerosos ministros para animarles a medida que ellos tomaban sus ministerios en el servicio de la tarde: oración, Escuela Dominical, trabajo misionero y predicación al aire libre.[57]

Después de la comida del Domingo y un pequeño descanso, Spurgeon se retiraría a las cuatro en punto para preparar el servicio de la tarde. Debido a problemas de salud, Spurgeon normalmente se quedaba cerca del Tabernáculo después del servicio de la mañana. Si no era así, gran parte de la tarde era absorbida por la conversación con amigos.

El servicio de la tarde normalmente era más corto que el de la mañana y con un gran énfasis en el evangelio. La Comunión seguía a cada servicio de la tarde y duraría alrededor de media hora. Fue en la mesa del Señor donde Spurgeon dio algunos de sus mejores sermones. Al final del servicio, Spurgeon normalmente era encontrado tomando tiempo para hablar aquí y allí con aquellos que lo pidiesen.[58] Las multitudes eran tan abrumadoras, que por un cierto número de años, una vez cada cuarto, miembros de la iglesia y congregación se les pedía que no asistiesen al servicio de la tarde y que cediesen sus asientos a los visitantes. Al final de un largo día, si la semana era peculiarmente atareada, Spurgeon empezaría revisando el sermón de la mañana para su publicación.[59]

El Lunes por la mañana, Spurgeon se juntaría con su secretario Mr. J.W. Harrald y trabajaría en la montaña de cartas que habían llegado. A menudo, para animar a Spurgeon, Harrald ordenaba la correspondencia de tal manera que las cartas que contenían

---

57 *Autobiography*, 4:70-73.

58 Por ejemplo ver, *C.H. Spurgeon, Till He Come: Communion Meditations and Addresses* (Pasadena: Pilgrim Publications, 1978).

59 *Autobiography*, 4:74-75.

donaciones para numerosos ministerios eran colocadas encima del montón. También filtraba cualquier correo odioso que pudiese dañar el corazón sensible de Spurgeon. Spurgeon ocasionalmente dictaba respuestas a toda esa correspondencia, pero él normalmente solía escribir las respuestas de propio puño y letra. Spurgeon creía que aunque era una ardua tarea, era un ministerio importante. El foco principal los lunes por la mañana era revisar el sermón del Domingo para su publicación. La administración y correspondencia general continuaba hasta bien entrada la tarde.

A las cinco y media de la tarde, Spurgeon se reuniría con los ancianos del Tabernáculo Metropolitano para discutir la lucha espiritual de la congregación o bien atendería a una reunión de iglesia para dar la bienvenida a los nuevos miembros de la iglesia. En ocasiones a Spurgeon se le pediría el atender a numerosas reuniones anuales conectadas con el ministerio de la iglesia. Su presencia era siempre bienvenida, especialmente en la reunión anual de la Sociedad del Ministerio para Vestir a los Pobres, la Sociedad de Maternidad de Damas y la Sociedad de Damas de Benevolencia. A menudo, Spurgeon abandonaría la reunión temprano dejando en las manos de su hermano James Archer Spurgeon (1837-1899) o en las manos de un anciano el inicio de la reunión de oración. La reunión de oración empezaba a las siete y normalmente concluía a las ocho y media. Spurgeon conducía la reunión de oración la cual siempre consideraba la reunión más importante de la semana y el termómetro espiritual de toda la iglesia. En algunas ocasiones, Spurgeon dejaría temprano la reunión para cumplir compromisos de predicación en otras partes.[60]

El Martes por la mañana veía los toques finales del sermón del Domingo para su publicación y otros deberes de administración. La tarde estaba dedicada a deberes pastorales en el Tabernáculo. Aquí Spurgeon se reuniría con veinte o cuarenta candidatos para bautismo o membresia de iglesia. Esto era un gozo para Spurgeon quien a pesar de numerosas y variadas demandas era un pastor de corazón. A las cinco de la tarde, Spurgeon se reuniría con los líderes

---

60   *Autobiography*, 4:79-82.

para un té y para comparar notas. Después de esto, si fuese necesario, Spurgeon retornaría a las tareas. Spurgeon iría a la sala de conferencias para presidir numerosas reuniones anuales: La Escuela Dominical, Almshouses Day Schools, Asociaciones Evangelisticas, Misiones, The Loan Tract Society, The Spurgeon's Tract Society or Missions. Tan numerosas eran las reuniones anuales que una podía estar programada casa semana. Spurgeon se gozó de manera particular en la reunión de nuevos trabajadores quien a menudo temblaban delante de él. A menudo el Tabernáculo estaría abierto a otras organizaciones de otras denominaciones. En estas ocasiones Spurgeon sería invitado a dar la conferencia anual.[61]

El Miércoles era el día de reposos para Spurgeon. Durante ese día Spurgeon intentaba descansar y en ocasiones visitaba amigos cuya comunión apreciaba. Digno de mención es su íntima amistad con el Obispo Thorold (1825-1895), quien Spurgeon amó grandemente y visitó a menudo en sus día libres.[62]

Los jueves por la mañana era dedicado a la correspondencia y al trabajo literario en general. En más de una ocasión Spurgeon se sintió abrumado:

"Soy un pobre clérigo, usando la pluma hora tras hora; otra mañana entera se ha ido y nada ha sido hecho más que ¡cartas! ¡cartas! ¡cartas!" Pero cuando recordaba el gozo y consolación de que él estaba ministrando a una gran cantidad de corazones cargados por ese mismo trabajo, él estaba de acuerdo que era por el Señor al igual que la predicación en la que él se deleitaba aún en mayor manera.[63]

Spurgeon sabía que sus cartas eran una extensión de su ministerio e incluso cuando preguntas frívolas eran formuladas, él rehusaba rechazarlas, sino que, con toda amabilidad, las respondía una por una. Si el tiempo lo permitía, Spurgeon pasaría el tiempo por las tardes escribiendo comentarios u otro tipo de trabajo literario. Por

---

61   *Autobiography*, 4:83-84.
62   *Autobiography*, 4:85-86.
63   *Autobiography*, 4:86.

las noches, de seis a siete, Spurgeon volvía al Tabernáculo atendiendo a lo que él denominaba "La reunión de oración del Pastor." Esta reunión extra era por el único propósito de rogar a Dios por su bendición sobre la Palabra que debía ser predicada en los servicios del Domingo. Spurgeon a menudo marchaba tarde después de haberse reunido y conversado con amigos de varias denominaciones.

Los viernes por la mañana, la correspondencia daría lugar a la preparación del discurso presidencial para sus conferencias de los viernes en el Colegio de Pastores, de las tres a las cinco de la tarde. En estas conferencias Spurgeon dedicó todo el poder de su mente y su corazón. Esas conferencias por la tarde se convirtieron en lo más destacado de la semana para los estudiantes y les ayudaron a moldearse y prepararse para el ministerio del evangelio.

> Con una audiencia tan receptiva y agradecida, Spurgeon estaba en su salsa; y tanto estudiantes como ministros han declarado más de una vez que, ni en sus predicaciones más brillantes en el púlpito él excedió e incluso igualó lo que era el deleite de ellos en escuchar de sus labios en aquellos inolvidables días.[64]

Después de que su conferencia terminara, Spurgeon se reunía y encontraba con sus estudiantes invirtiendo otra hora respondiendo preguntas y tratando con sus preocupaciones. Periódicamente, Spurgeon predicaría y tendría comunión con los estudiantes.[65] Después del Colegio de Pastores, Spurgeon, si no tenía que atender otras reuniones de camino a casa, visitaría a miembros de la iglesia.

Incluso cuando era tocado por la enfermedad, Spurgeon continuaba predicando fielmente. Por ejemplo, Spurgeon escribió:

---

64   *Autobiography*, 4:88.
65   *Autobiography*, 4:88-89.

Westwood,

5 de Abril de 1881.

Querido Amigo,

Hace un mes me estaba recuperando, y realice cinco servicios durante la semana con un gran placer. El resultado inmediato fue otra enfermedad. Esta vez estoy más débil y tengo el mismo trabajo delante de mí. Los amigos me ruegan que no haga mucho y mi propio juicio me dice que ellos tienen razón. Por lo tanto, debo ausentarme del festival de carnicería, aunque lo hago con gran lamento. Nunca prometí estar allí. Alguien lo hizo por mí, y no creo en esas promesas de apoderado. Tú eres un anfitrión por ti mismo. Sigue a los mejores líderes – este es el Señor Jesús. Puedan todos ellos ser puros y justos, como deben ser verdaderamente los Cristianos. Ellos harán bien en ser moderados en todas las cosas; mucho mejor si se abstienen totalmente de bebidas alcohólicas; y mucho mejor si ellos tienen nuevos corazones y son creyentes en Jesús. Estoy seguro que siempre debemos estas gozosos de encontrar una casa para ellos, siempre y cuando tú y el maestro de los carniceros encuentren lo necesario para llenar los que están vacíos. Deseo que cada hombre pudiese tener una marcha de un día cerca del Cielo en esta ocasión. Pueda la bendición de Dios estar contigo y con todos tus oyentes esta noche.

Tuyo en el corazón

C.H. SPURGEON.

Conclusión

No hay duda de que Charles Spurgeon vivió una vida en la presencia de Dios. Todo su ser estaba dedicado a su Salvador con su vida derramada en el altar del servicio. Spurgeon era un hombre de Dios. Su mente y corazón desplegaban una devoción santa; su carácter reflejaba un carácter a la imagen de Cristo, tanto en la vida privada como en la vida pública. Aún y su éxito ministerial vivió humildemente, consciente de que era deudor sólo de la gracia. Vivió bajo la luz de un cielo para ganar y un infierno para rehuir. Su gran gozo era glorificar a Dios a través de su vida y ministerio y a través de ser usado para reunir almas para el Reino de Dios. En cada área, la espiritualidad de Spurgeon representa un modelo a imitar y seguir en el siglo veintiuno.

Una de las últimas fotografías tomadas de Spurgeon

10

Conclusión

El presente libro claramente demuestra que C.H. Spurgeon mantuvo tenazmente que el éxito ministerial tiene su antecedente en la espiritualidad en el ministerio. En relación a ello, la vida y el pensamiento de Spurgeon son modelos a emular para el pastor del siglo veintiuno.

C.H. Spurgeon buscó de manera apasionada la santidad en cada aspecto de su vida y en cada área de su ministerio. En su Autobiografía, hemos cosechado un gran número de ejemplos de su amor, fidelidad, bondad y generosidad. En The Metropolitan Tabernacle Pulpit, hemos sido testigos de que su predicación estaba saturada de un amor abundante hacia Cristo y el evangelio; Spurgeon también dio valerosos y continuos llamados a su congregación a buscar la santidad. Sus oraciones, grabadas en C.H. Spurgeon's Prayers, son poderosas en la manera en como él rogaba por un pueblo santificado. Su correspondencia sobreabunda con exhortaciones personales y una promoción honesta de la gloria de Dios. Sus discursos en el Colegio de Pastores contenidos en Lectures to My Students, y en An All-Round Ministry, sobreabundaron con expectaciones y exhortaciones hacia la espiritualidad en el ministerio ejemplificada en fidelidad y devoción a Dios. Susannah Spurgeon y sus hijos de manera incuestionable testificaron del amor de Spurgeon y la sinceridad en el evangelio de tal manera que él practicaba lo que predicaba. Spurgeon fue un gigante entre hombres, no debido a sus grandes habilidades oratorias, tampoco debido a su gran intelecto y sus escritos prolíficos, sino porque él era un hombre quien de manera apasionada buscó y glorificó a un Dios Santo y Soberano. Spurgeon tomó con gran seriedad su llamado a una santidad personal y ministerial. Spurgeon sin ningún tipo de vergüenza, estaba convencido de que la espiritualidad en el ministerio está directamente relacionada con el éxito ministerial – y por lo tanto, la falta de espiritualidad está ligada al fracaso ministerial.

Hemos visto la pasión de Spurgeon por una valerosa y clara articulación de las inescrutables riquezas del Cristo crucificado. Spurgeon sin vergüenza sostuvo las doctrinas de la gracia y la soberanía de Dios. Su ministerio se caracterizó por una dependencia completa y total de la capacitación del Espíritu Santo la cual continúo a lo largo de todo su glorioso ministerio. Las siguientes palabras en el Tabernáculo Metropolitano el 31 de Marzo de 1861, moldearían su ministerio:

Si Dios debe bendecirnos, Él nos hará una bendición para las multitudes. Que Dios envíe fuego y los pecadores más grandes en el vecindario serán convertidos; aquellos que viven en antros de infamia serán cambiados: los borrachos dejará sus bebidas, los perjuradores se arrepentirán de su blasfemia, los viciosos dejaran su lujuria –

Los huesos secos se levantaran y serán cubiertos con piel, Y los corazones de piedra serán transformados en corazones de carne.[1]

Además, las convicciones de un número de grandes Bautistas han sido examinadas y se ha observado su impacto sobre la vida y ministerio de Spurgeon – John Bunyan, John Gill y Andrew Fuller – todos ellos abogaron firmemente por la espiritualidad pastoral como un prerrequisito esencial para la bendición en el ministerio. En esto, Spurgeon fue su heredero.

Sus discursos en el Colegio de Pastores, vistos en An All-Round Ministry y en Lectures to My Students, han demostrado el propio

---

⸻

1   "Temple Glories" en *The Metropolitan Tabernacle Pulpit*, vol. 7.

pensamiento y la convicción personal de Spurgeon de que la espiritualidad en el ministerio es esencial para un ministerio fructífero y exitoso. Esto se observa de una manera sobresaliente en su último discurso presidencial dado en el Colegio de Pastores: "la verdadera raíz de la santidad radica en el evangelio de nuestro Señor Jesucristo."[2]

Finalmente, hemos considerado la propia espiritualidad de Spurgeon evidente en sus himnos, su vida de oración, relaciones personales, correspondencia, sermones, adoración, estilo de vida y buenas obras. Spurgeon se saturo a él mismo con la presencia de Dios y el trabajo del evangelio de Cristo.

Le plazca al Dios Todopoderoso, que nosotros, al igual que Spurgeon, podamos ser diligentes en pulir nuestros sables con oración, mantenerlos fielmente afilados en la verdad, remover cuidadosamente toda mancha de pecado de tal manera que nuestros ministerios, como lo fue el de Spurgeon, se caractericen por una búsqueda honesta de la santidad, para poder experimentar así las lluvias de bendiciones que anhelamos ver. Que podamos ser hallados fieles como siervos del Calvario quienes un día darán su reporte al Capitán de los ejércitos celestiales para la gloria de nuestro Dios y Rey.

Nota del Edito
Este libro provee un manual práctico en el "Apéndice" para animar y promover la espiritualidad personal en los pastores y líderes espirituales del atareado siglo veintiuno.

---

2   Spurgeon, *The Greatest Fight in the World*, 9.

Apéndice: Un manual de evaluación de la espiritualidad personal

Basado en el modelo de la espiritualidad de Spurgeon, las siguientes veinticinco preguntas están diseñadas para potenciar y enriquecer la espiritualidad de los líderes de hoy en día en su búsqueda de espiritualidad en la vida y ministerio.

1. Spurgeon a lo largo de toda su vida se dedicó a una búsqueda y placer apasionados de Dios. Enumere las características en su vida que evidencian su devoción a Dios.

2. ¿Cómo esta búsqueda apasionada de Dios puede ser enriquecida en su vida?

3. Spurgeon nunca perdió su fervor en la adoración en cada esfera de sus actividades aún y a pesar de numerosas presiones y demandas sobre él. Enumere maneras en las que puede cultivar una actitud de adoración a lo largo de todo el día.

4. Spurgeon vio la oración como una prioridad. ¿Cómo usted cultiva una comunión personal con Dios a través de la oración? ¿Cómo puede desarrollar esto a lo largo del día?

5. Spurgeon creía que un líder espiritual esta tan saturado con la Escritura que su misma sangre era "Biblina." ¿Qué hábitos sistemáticos y diarios ha cultivado o cultivará en relación a la lectura de la Escritura, meditación y memorización de la Santa Palabra de Dios?

6. Spurgeon vio la espiritualidad Cristiana como una prioridad por encima de los dones y capacidades. ¿Cómo cultiva y desarrolla los medios de gracia Cristiana?

7. Spurgeon creía en un llamado claro al ministerio del evangelio. ¿Cómo su llamado enriquece y potencia su ministerio?

8. Spurgeon luchó con dificultades pero todo y así, el llamado de Dios lo sustentó. ¿Cómo el llamado de Dios en su vida y ministerio le sustenta en tiempos difíciles? Enumero ejemplos.

9. Spurgeon estuvo centrado en Dios en todo su ministerio. Spurgeon creía firmemente en la providencia de Dios y dedicó su corazón al trabajo. Enumere evidencias de la providencia de Dios en su vida y ministerio.

10. Spurgeon, aún y su pesada carga de trabajo, se cansó en el trabajo pero nunca del trabajo. Explique e ilustre en su propia vida lo que esto significa para usted.

11. Spurgeon creía en la predicación y enseñanza Cristo-céntrica. ¿Es esta la característica de su estilo de predicación? ¿Cómo puede desarrollarlo?

12. Spurgeon presentó el evangelio con gran pasión y rogo a los pecadores arrepentirse y venir a Cristo. ¿Se encuentra esta cara-

cterística en su predicación? Enumere ejemplos.

13. **Las oraciones de Spurgeon en el púlpito eran urgentes, apasionadas y fervientes. ¿Qué es lo que caracteriza sus oraciones públicas?**

14. **Spurgeon gozó el cultivar su propia alma en la lectura y meditación de escritos Puritanos. ¿Están sus libros colocados en los estantes o están enriqueciendo su corazón? Escriba su plan personal de lectura. Si no tiene uno, por favor, hágalo ahora.**

15. **La correspondencia de Spurgeon desbordó en ánimo a sus compañeros ministros y a otros. ¿Animas y promueves la espiritualidad en tus cartas? Si es así ¿Cómo? Si no es así, enumere seis personas quienes necesitan ánimo y escríbales.**

16. **Spurgeon mantuvo una relación bien íntima con Susannah, su esposa. ¿Cómo es su relación con su esposa? Enumere 5 maneras en las cuales esta puede ser enriquecida.**

17. **Spurgeon cultivó el culto familiar en casa. ¿Cómo está usted haciendo esto de una manera diaria?**

18. **Spurgeon gozó del amor y respeto de sus hijos, Charles and Thomas. ¿Cómo está usted cultivando el amor y respeto de sus hijos?**

19. **Spurgeon creía en el liderazgo con visión. Esto es establecido en el Colegio de Pastores, la construcción del Tabernáculo Metropolitano y otra serie de organizaciones Cristianas. Articule un plan de visión de ministerio para un plazo de cinco años.**

20. **Spurgeon, como resultado de las doctrinas de la gracia, buscó evidencias de la bendición de Cristo. ¿Qué evidencias ha visto usted que le han animado a seguir en el ministerio?**

21. Spurgeon defendió la verdad, incluso al coste de amigos cercanos. ¿Estaría dispuesto a defender los fundamentes de la fe? Si es así, ¿Cómo?

22. Spurgeon vio la formación de ministros como su tarea más grande. ¿Cómo está usted cultivando y formando los líderes del mañana?

23. Spurgeon vio la escritura como el segundo medio para moldear vidas después de la predicación. ¿Cómo puede usted desarrollar un ministerio de escritura y promover la espiritualidad entre la gente de Cristo?

24. Spurgeon era muy consciente del ministerio del Espíritu Santo, no solo en las reuniones de oración, sino también en su predicación. ¿Cómo puede usted desarrollar una sensibilidad y consciencia a las indicaciones del Espíritu Santo de Dios?

25. Enumere ciertas cosas que ha aprendido de la vida de Spurgeon y que le ayudarán a buscar la espiritualidad.

Glosario

El siguiente glosario depende en gran manera y sus citas son extraídas de *The Evangelical Dicctionary of Theology* (Grand Rapids: Baker Book House, 1984), editado por Walter A. Elwell.

Anglicano: El Anglicanismo es una tradición dentro del Cristianismo formada por iglesias con conexiones históricas con la Iglesia de Inglaterra o creencias similares, adoración y estructura de iglesia.

antinomismo: La doctrina que determina que no es necesario para los cristianos predicar y/o obedecer la ley moral del Antiguo Testamento.

Arminianismo: La posición teológica de Jacobus Arminius (1560-1609) y el movimiento que surgió de sus enseñanzas. Su énfasis se centra en el libre albedrío del ser humano y la negación de la soberanía de Dios en la salvación.

El bautismo de regeneración: Una doctrina herética que establece que la salvación es mediada a través del acto del bautismo.

Bautista: Una persona que cree que la iglesia está formada por aquellos que han sido regenerados por el Espíritu Santo y traídos a una fe personal y salvífica en el Señor Jesucristo. Bautismo por inmersión es para aquellos que han creído y recibido a Cristo como Señor y Salvador [ver The First London Confession (1644) y The Second London Confession (1689)].

La Sociedad Bautista Misionera: Una organización Cristiana misionera fundada en 1792 en Inglaterra con el propósito de evangelismo.

El bautismo de creyentes: La doctrina que establece que el bautismo es por inmersión para aquellos que han creído en Cristo como su Señor y Salvador. El Bautismo es una declaración pública del trabajo de regeneración del Espíritu Santo en la vida y corazón del creyente.

Calvinista: Aquella persona que mantiene las enseñanzas de Juan Calvino cuyo trabajo es resumido en lo que se conoce como las doctrinas de la gracia (ver "doctrinas de la gracia").

Congregacionalista: Congregacionalismo es un sistema que apareció después de la Reforma y el movimiento Separatista a finales del siglo dieciséis y principios del diecisiete.

Disidente: Una persona en los siglos dieciséis, diecisiete y dieciocho que rehusó pertenecer a la Iglesia de Inglaterra.

Evangelismo: La proclamación de las buenas nuevas de salvación en Jesucristo con el objetivo de reconciliar al pecador con Dios Padre, a través de la obra redentora de Cristo por medio de la regeneración del Espíritu Santo.

Exegético: Exégesis es el sacar la verdad bíblica del texto en su contexto original y cultural.

Heterodoxia: Aquello que se caracteriza por el desvío de un cuerpo de creencias aceptado; no es ortodoxo pero no es lo suficientemente diferente como para ser llamado herejía.

Híper-Calvinismo: Este punto de vista está por encima y más allá del Calvinismo. Enfatiza que por el hecho de que Dios predestina a aquellos que él salva, no hay necesidad para el evangelismo ni el libre ofrecimiento del evangelio.

Bautismo de infantes: La práctica de bautizar infantes y niños jóvenes de padres creyentes. Es la creencia de que el bautismo no es primeramente una señal de arrepentimiento y fe, sino la señal del pacto como la circuncisión.

Latitudinaria: Uno de los grupos Anglicanos en el siglo diecisiete cuyo pensamiento desplegó una gran consideración por la autoridad de la razón y un temperamento tolerante y anti-dogmático. Reaccionaron en contra del Calvinismo, de los Puritanos y en líneas generales tenían una apariencia Arminiana.

Liberalismo: El movimiento que se aleja de la ortodoxia tradicional en un intento de armonizar las enseñanzas bíblicas con la ciencia, el humanismo u otros campos seculares. La negación de doctrinas bíblicas esenciales tales como la inerrancia de la Escritura, la Trinidad, la deidad de Cristo, su concepción virginal, su resurrección y la salvación por gracia.

Modernismo: Ver "Liberalismo."

Inconformistas: Protestantes quienes no pudieron conscientemente conformarse a la Iglesia de Inglaterra, en particular después del 1662. Los Inconformistas estuvieron formados por Independientes (Congregacionalistas), Presbiterianos, Bautistas y Quakers.

Oliver Twist: Una historia de Charles Dickens publicada en 1838 sobre un niño huérfano llamado Oliver Twist, quien estuvo sujeto a una miserable existencia primeramente en una casa de trabajo y después con un enterrador antes de escapar a Londres, donde fue introducido dentro de una banda de ladrones de carteras.

Ortodoxia: Creencia en el cuerpo de doctrinas aceptadas y verdaderas enseñadas en la Biblia.

Presbiteriano: Una persona que forma parte del sistema que enfatiza la importancia de ancianos o presbíteros. Las iglesias Presbiterianas se identifican con la Confesión de Bélgica (1561) y con el Catecismo de Heidelberg (1563) o con la Confesión de Westminster (1646).

Puritano: Miembro de un movimiento reformado originado durante la Reforma Inglesa en el siglo dieciséis. El nombre proviene de los esfuerzos por "purificar" la Iglesia de Inglaterra por aquellos que sintieron que la Reforma no había sido completada. Eventualmente, los Puritanos intentaron la purificación de ellos mismos así también como de la sociedad. De manera general, los Puritanos hicieron énfasis en cuatro convicciones: (1) la salvación personal provenía enteramente de Dios, (2) la Biblia proveía la guía indispensable para la vida, (3) la iglesia debía reflejar las enseñanzas de la Escritura y (4) la sociedad era un todo unificado. Los Puritanos creían que la humanidad era totalmente dependiente de la salvación de Dios.

Cabezas Redondas o Parlamentarios: Los partidarios que apoyaban a Oliver Cromwell y al Parlamento durante las Guerras Civiles Inglesas (1642-1646, 1648-1649 y 1649-1651).

Realistas o Monárquicos: Los partidarios de Charles I (1600-1649) durante las Guerras Civiles Inglesas.

Sabelianismo: El término "Sabelianismo" proviene de Sabellius, un teólogo y sacerdote del tercer siglo. Esta herejía también es conocida con el nombre de Modalismo la cual niega la Trinidad. Declara que el Padre, Hijo y el Espíritu Santo son tres modos diferentes de un solo Dios en lugar de tres Personas distintas de la Trinidad.

El Ejército de Salvación: William Booth fundó el Ejército de Salvación en 1865. Es una fundación que batalla en un frente doble, en contra de la pobreza y en contra del poder del pecado.

Socianismo: Socinus (1525-1562) fue un herético quien negó el pecado original, la predestinación, la Trinidad y la resurrección corporal. Socinus también negó la deidad de Cristo y su sacrificio para perdón de pecados.

El Acto de Uniformidad: El acto impuesto en 1559 el cual reforzó The Book of Common Prayer. Según este acto, todo hombre debía ir a la iglesia una vez a la semana o ser multado con veinte peniques.

Las doctrinas de la gracia: Las doctrinas fundamentales del Calvinismo compuestas de cinco partes: (1) depravación total: la doctrina de la total inhabilidad del ser humano de ejercer cualquier tipo de acto de justicia – incluso la fe – por su propio poder; toda parte y parcela del ser humano está corrompida por el pecado; (2) elección incondicional: la doctrina que determina que antes de la fundación del mundo Dios escogió a aquellos que él salvaría. Salvación es por la gracia de Dios, fuera del tiempo y por lo tanto no condicionada por ninguna acción o situación; (3) sacrificio limitado: la doctrina que establece que Dios soberanamente ha escogido a algunos para salvación mientras que pasa por encima de otros por medio de su voluntad soberana y para sus propósitos gloriosos; (4) gracia irresistible: la doctrina que establece que el llamado de Dios es efectivo; esto es, la elección de Dios es una elección con propósito el cual resultará inequívocamente en la salvación de los escogidos; (5) perseverancia de los santos: la doctrina que establece que los escogidos de Dios alcanzaran la gloria. Ninguna prueba o tentación será demasiado grande para apartarnos de la mano de Cristo. Estamos mantenidos, asegurados y sellados por la sangre de Cristo y la morada del Espíritu Santo. Esta doctrina también determina que el pueblo de Cristo se probará a ellos mismos por medio de su perseverancia en fidelidad, verdad y amor.

Down-Grade Controversia: Una controversia doctrinal (1887-1889) en la cual Spurgeon estuvo involucrado. Down-Grade implicó el minado de la inspiración de la Escritura, la deidad de Cristo, el juicio eterno y otras doctrinas cardinales.

The Five Mile Act: Una ley Inglesa establecida en 1665 que busco imponer la conformidad a la Iglesia de Inglaterra. Todo aquel que no se conformó a la ley fue expedido. Prohibió a los ministros vivir a cinco millas de la parroquia. Muchos ministros fueron privados de su sustento debido a este acto.

La **Inglaterra Victoriana**: El Reino Unido durante el reinado de la Reina Victoria (1837-1901).

Bibliografía Selecta

Trabajos selectos de Charles Haddon Spurgeon

Spurgeon, Charles Haddon, An All Round Ministry. Edinburgh: The Banner of Truth Trust, 1978.

—————————. Autobiography: The Early Years, 1834–1859. Edinburgh: The Banner of Truth Trust, 1962.

—————————. Autobiography: The Full Harvest, 1860–1892. Edinburgh: The Banner of Truth Trust, 1976.

—————————. C.H. Spurgeon's Autobiography: Compiled from His Diary, Letters and Records 1834–1892. 4 vols. 1897-1900. Edited by Susannah Spurgeon and Joseph Harrald. Reprint, 4 vols. in 2, Pasadena,Texas: Pilgrim Publications, 1992.

—————————. C.H. Spurgeon's Prayers. 1905. Reprint, Grand Rapids: Baker Book House, 1981.
—————————. Commenting and Commentaries. London, 1876. Reprint, Edinburgh: The Banner of Truth Trust, 1969.

—————————. Lectures to My Students. 4 vols. 1875–1905. Reprint, Grand Rapids: Baker Books, 1980.

—————————. Letters of Charles Haddon Spurgeon. Edinburgh: The Banner of Truth Trust, 1992.

——————. Metropolitan Tabernacle Pulpit. 63 vols. 1856–1904. Reprint, Pasadena: Pilgrim Publication, 1979.

——————. Our Own Hymn-Book: A Collection of Psalms and Hymns for Public, Social, and Private Worship. Compiled by C.H. Spurgeon. 1866. Reprint, Pasadena: Pilgrim Publications, 2002.

——————. Pictures from Pilgrim's Progress. London: Fleming H. Revell Company, 1903.

——————. The Down Grade Controversy: Collected Materials which Reveal the Viewpoint of the Late Charles Haddon Spurgeon ... on one of the most significant disputes of his ministry. Pasadena: Pilgrim Publications, 1978.

——————. The Greatest Fight in the World: C.H. Spurgeon's Final Manifesto. 1891. Reprint, Albany: Ages Software, 1998.

——————. The Letters of C.H. Spurgeon: Collected and Collated by His Son Charles Spurgeon. 1923. Reprint, Harrisburg: Good Books Corporation, n.d.

——————. The New Park Street Pulpit. 6 vols. 1855–1860. Reprint, 6 vols. in 3, Pasadena: Pilgrim Publications, 1981.

——————. The Sword and the Trowel. Edited by C.H. Spurgeon. 1865–1884. Reprint, Albany: AGES Software, 2000.

——————. Till He Come: Communion Meditations and Addresses. Pasadena: Pilgrim Publications, 1978.

Spurgeon: Fuentes secundarias

Allen, James T. Life Story of C.H. Spurgeon. 1893. Reprint, Albany: Ages Software, 1996.

Bacon, Ernest W. Spurgeon: Heir of the Puritans. London: George

Allen & Unwin, 1967.

Dallimore, Arnold. Spurgeon. Chicago: Moody Press, 1984.

Fullerton, W.Y. Charles H. Spurgeon: London's Most Popular Preacher. Chicago: Moody Press, 1966.

Greenwood, James. The Seven Curses of London. London, 1869.

Hayden, Eric. Highlights in the Life of Charles Haddon Spurgeon. Albany: AGES Software, 2000.

Hindson, Edward E. Introduction to Puritan Theology. Grand Rapids: Baker Book House, 1976.

Hulse, Erroll, ed. A Marvellous Ministry: How the All-Round Ministry of C.H. Spurgeon Speaks to Us Today. Darlington: Evangelical Press, 1993.

McCoy, Timothy Albert. "The Evangelistic Ministry of C.H. Spurgeon: Implications for a Contemporary Model for Pastoral Evangelism." Unpublished Ph.D. thesis. The Southern Baptist Theological Seminary, 1989.

Murray, Iain H. Spurgeon v. Hyper-Calvinism: The Battle for Gospel Preaching. Edinburgh: The Banner of Truth Trust, 1995.

Murray, Iain H. The Forgotten Spurgeon. Edinburgh: The Banner of Truth Trust, 1978.

Nettles, Thomas J. By His Grace and For His Glory. Grand Rapids: Baker Book House, 1986.

Page, Jesse. C.H. Spurgeon His Life and Ministry. London: Partridge and Co., 1892.

Pike, G. Holden. The Life and Work of Charles Haddon Spurgeon. 6 vols. 1894. Reprint, 6 vols. in 2, Edinburgh: The Banner of Truth Trust, 1991.

Ray, Charles. Mrs. C.H. Spurgeon. 1903. Reprint, Indiana: Christian Book Gallery, 1994.

John Bunyan
Brittain, Vera. In the Steps of John Bunyan: An Excursion into Puritan England. London: Rich and Cowan, 1950.

Buckland, A.R. John Bunyan: The Man and His Work. London: The Religious Tract Society, 1928.

Bunyan, John. The Works of John Bunyan. 3 vols. Edited by George Offor. Glasgow: Blackie and Son, 1860.

de Blois, Austen Kennedy. John Bunyan the Man. Philadelphia: Judson Press, 1928.

Loane, Marcus L. Makers of Puritan History. Grand Rapids: Eerdmans Publishing Company, 1961.

Piper, John. The Hidden Smile of God: The Fruit of Affliction in the Lives of John Bunyan, William Cowper, and David Brainerd. Wheaton, Illinois: Crossway Books, 2001.

Piper, John. "Suffering and the Sovereignty of God" in The SouthernBaptist Journal of Theology, vol. 4, No. 2. 2000.

John Gill
Gill, John. A Collection of Sermons and Tracts. London: George Keith, 1773.

Gill, John. Body of Divinity. 1769. Reprint, Georgia: Turner Lassetter, 1957.

Fellows, John. An Elegy on the Death of the Rev. John Gill, D.D. London, 1771.

Haykin, Michael A.G., ed. The Life and Thought of John Gill (1697–1771): A Tercentennial Appreciation. New York: Brill, 1997.

Oliver, Robert. "John Gill," in Michael A.G. Haykin, ed., The British Particular Baptists 1638–1910. Springfield: Particular Baptist Press, 1998.

Andrew Fuller

Laws, Gilbert. Andrew Fuller: Pastor, Theologian, Ropeholder. London: Carey Press, 1942.

Fuller, Andrew. The Complete Works of the Rev. Andrew Fuller. 5 vols. Edited by Andrew Gunton Fuller. London: Holdsworth and Ball, 1831.

Phillips, David. Memoir of the Life, Labors, and Extensive Usefulness of the Rev. Christmas Evans. New York: M.W. Dodd, 1843.

Ryland, John. The Work of Faith, the Labour of Love, and the Patience of Hope, Illustrated; in the Life and Death of the Reverend Andrew Fuller. London: Button and Son, 1816.

Shindler, R. From the Usher's Desk to the Tabernacle Pulpit: The Life and Labours of Pastor C.H. Spurgeon. London: Passmore and Alabaster, 1892.

Wiersbe, Warren. Walking with the Giants: A Minister's Guide to Good Reading and Great Preaching. Grand Rapids: Baker Book House, 1976.

Williams, William. Personal Reminiscences of Charles Haddon Spurgeon. London: The Religious Tract Society, 1895.

Índice